Dieter Strecker

Dem Leben Vertrauen schenken

Dieter Strecker

Dem Leben Vertrauen schenken

Heilsame Geschichten für Aufbruch und Veränderung

Claudius

für Karin

Bibliografische Informationen Der Deutschen Bibliothek
Die Deutsche Bibliothek verzeichnet diese Publikation in der Deutschen Nationalbibliografie; detaillierte bibliografische Daten sind im Internet über <http://dnb.ddb.de> abrufbar

Birkerstraße 22, 80636 München
www.claudius.de

Umschlaggestaltung: HildenDesign
Foto Umschlag: © Xtuv Photography / Shutterstock
Druck: Himmer AG, Augsburg

ISBN 978-3-532-62376-3

Inhalt

Teil 3
Wege der Liebe

Teil 4
Unerwartete Wege

Einleitung

Nur die Wahrheit hilft und heilt! Viele Geschichten in diesem Buch sind wahre Begebenheiten, die auf unterschiedliche Weise doch immer wieder das Eine zeigen: Es gibt Licht, mal eine kleine Kerzenflamme, mal strahlende Helle. Es gibt sie, die *Wege aus der Angst,* Lösungen für Situationen, die das Leben verdüstern und bedrohen. Da sind nicht nur endlos lange Schatten oder die gar nicht enden wollende Nacht aus Eis und Schrecken. Selbst wenn die Angst übermächtig wird und ein Eigenleben zu führen beginnt, gibt es Wege aus der nicht notwendigen Angst (also der Angst, welche die Not nicht wendet).

Es gibt sie, *die Wege in die Freiheit*, heraus dem Gefängnis einer empfundenen Sinnlosigkeit. Sie eröffnen sich, wenn wir lernen, die Sprache der Seele zu verstehen, wenn wir liebevoll hinhören, was sie uns zu sagen hat.

Aus wenigem wird viel. Dies ist wohl der wahre Kern des Gleichnisses vom Sämann, der alles verloren glaubt und schließlich vor einer reichen Ernte steht. Gelingendes Leben ist möglich, wenn wir die Chancen nutzen, die in einer Liebe zum Leben liegen. Dann öffnen sich Pforten auf den *Wegen der Liebe* und Wunden können heilen.

Und es gibt die *unerwarteten Wege.* Wer zur Quelle gelangen will, muss nicht unbedingt gegen den Strom schwimmen; er kann auch den Landweg nehmen.

Lassen Sie mich Ihr Führer in diesem Buch sein. Die Geschichten wollen Sie ermutigen, das Gute in sich zu suchen, zu finden und zu stärken, damit Sie eine negative Vergangenheit hinter sich lassen können, um nach vorne ins Licht hinein zu schreiten. Selbst wenn Sie noch in eigenen Fesseln zu liegen scheinen, können Sie anderen ein Heiler sein. Dadurch sind auch Veränderungen in Ihrem Leben möglich. Gewiss, Veränderungen sind manchmal unbequem und machen nicht selten Angst. Aber wollen Sie Ihr Glück davon abhängig machen, dass alles so bleiben muss, wie es ist?

Ich habe die Geschichtenform gewählt, weil ich die gewonnenen Weisheiten und Erfahrungen so viel deutlicher ausdrücken kann als mit erklärenden und theoretischen Texten. Gerade weil sich Handlungen und Erkenntnisse besser verinnerlichen lassen, lieben Menschen Erzählungen. Davon legen viele Geschichten in der Bibel Zeugnis ab. Viele der Geschichten in diesem Buch haben mit meinen Erfahrungen und Erlebnissen in Klinik und Praxis zu tun, die Namen der vorkommenden Menschen habe ich geändert.

Ich wünsche Ihnen viel Freude an den Geschichten über die Wege aus der Angst in die Freiheit und zur Liebe und beim Entdecken unerwarteter Wege. Die Entstehung des Buches wurde liebevoll und klug von meiner Lebenspartnerin Karin Thanhäuser begleitet und gefördert. Ihr sei deshalb dieses Buch gewidmet. Dank schulde ich gerne auch meinem Lektor Herrn Dr. Voorgang für seine wohltuende, kompetente Begleitung.

Dieter Strecker, im Herbst 2007

1

Wege aus der Angst

Jeder Mensch kennt Angst, sie gehört zum Leben und hat eine wertvolle Schutzfunktion. Ein Zuviel an Angst jedoch demotiviert, verdüstert den Blick und lähmt. Angst als ständiger Begleiter schmälert Freude und Glück und verhindert ein offenes, mutig dem Anstehenden zugewandtes Leben. Wer befürchtet, verlassen zu werden und nicht geliebt zu sein, ist nahe am Tode mitten im Leben. Wer jedoch bereit ist, das Heute zu ändern, wer sich dem Glauben öffnet, dass das Leben morgen und alle Tage nach morgen gelingt, der ahnt mitten in der Nacht, dass der Tag mit Helle nahen wird. Davon erzählen die Geschichten in diesem Kapitel.

Der weise Weinbergbesitzer

Samir ist Tagelöhner. Samir war krank. An diesem Morgen muss Samir dennoch früh aufstehen, obwohl er noch wackelig auf den Beinen ist und sich schlapp fühlt. Die Weinernte beginnt. Als Saisonarbeiter und Tagelöhner, der oft darum kämpfen muss, für seine Familie und sich das tägliche Brot auf dem Tisch zu haben, darf er sich die Chance nicht entgehen lassen, gutes Geld zu verdienen, auch wenn er als Kranker mit Fieber eigentlich das Bett hüten sollte.

Es ist sechs Uhr in der Früh. Es ist noch dunkel. Samir schleppt sich zum Westtor der Stadt. Dort hat in der letzten Saison der gütige Weinbergbesitzer jene Leute engagiert und in den Weinberg geführt, die nach Arbeit suchten. Es ist sieben Uhr; nun ist die Sonne aufgegangen. Es wird ein heißer Tag werden. Samir wundert sich, denn weder die Arbeiter sind da noch der Weinbergbesitzer. Da kommt jemand vorbei und meint: „Samir, wir haben dich lange nicht gesehen! Wenn du Arbeit suchst – der Weinbergbesitzer beginnt diesmal im Osten seiner Weingärten und deshalb hat er die Leute am Osttor einbestellt. Eben war er noch da."

Samir rennt zum Osttor. Die Lunge schmerzt. Die Beine stolpern übereinander. Am Osttor angekommen, muss er voller Verzweiflung feststellen, dass keine Menschenseele mehr da ist. Er fragt eine Frau und sie bestätigt ihm, dass die Tagelöhner bereits im Weinberg arbeiten. Der Weinbergbesitzer brauche aber offensichtlich noch Leute; er sei in Richtung Westtor geschlendert. Samir rennt dorthin, Müdigkeit und Kopfschmerzen vergessend. In der Tat: Im Schatten des Westtores steht der Chef und wartet. „Gut, dass du kommst. Es gibt viel Arbeit im Weingarten, Samir."

Es ist nach neun Uhr am Morgen, als Samir mit der Arbeit beginnen kann. Die Krankheit beutelt ihn. Er kann nicht konzentriert und nicht so schnell arbeiten wie die anderen. Er muss viele Pausen machen und geht oft zum Brunnen, weil das Fieber ihn durstig macht.

Dann ist Feierabend. Der Weinbergbesitzer kommt und lobt seine Arbeiter. „Nun will ich euch euren verdienten Lohn auszahlen. Wie viel haben wir denn vereinbart für den heutigen Tag?", fragt er einen von jenen, die bereits am frühen Morgen begonnen haben. „Herr, in deiner großen Güte hattest du uns 100 Geldstücke für den Tag zugesichert." – „So soll es denn auch sein", meint der Weinbergbesitzer und bittet Samir als Ersten zu sich. Samir taumelt vor Müdigkeit und Schwäche. Er rechnet nicht mit dem vollen Lohn; später als die anderen hat er begonnen, viel weniger hat er gearbeitet und mehr Pausen hat er gemacht. Zu seiner Überraschung legt ihm der Weinbergbesitzer 100 wunderschön kühle Geldstücke in die Hände, den vollen Lohn! Samir kann sein Glück nicht fassen.

Die anderen Arbeiter haben das Geld aufblitzen sehen und rechnen sich aus, dass sie nun mehr bekommen werden als Samir, denn doppelt so viel haben sie geleistet. Aber sie erhalten ebenfalls nur je 100 Geldstücke. Da murren sie. Ungerecht sei es! Sie hätten geschuftet wie nie zuvor; eiskalt sei es am frühen Morgen gewesen, dann die Sonne, die unerbittlich beißenden Fliegen, die Hitze; blutige Finger hätten sie sich geschnitten. „Und der da" – sie deuten auf Samir – „hat so gut wie nichts geleistet. Das ist ungerecht!", schreien sie.

„Nein, das ist überhaupt nicht ungerecht. Wir hatten 100 Geldstücke für den Tag vereinbart. Gäbe ich euch weniger, dann wäre es ungerecht. Dass ich Samir denselben Betrag gebe, das ist meine Entscheidung über mein Geld. Gerechtigkeit ist nicht alles. Über ihr steht die Liebe zu einem Menschen, der trotz seiner Krankheit gekommen ist, weil er das Geld braucht, der voller Verzweiflung war, als er mich nicht antraf, bangen Herzen hoffend, es würde sich noch eine Möglichkeit zur Arbeit ergeben. Ihr dagegen wusstet, dass ihr am Abend euren Lohn erhalten würdet."

Gerecht, liebevoll und weise – Menschen mit diesen Gaben sind ein Licht in der Welt. Sie vermögen es, durch herzenskluges Handeln Angst zu verringern.

Der Schrei

Michael ist ein wunderbarer Mensch, einer der besten Männermenschen, die ich kenne. Einfühlsam ist er, geduldig, konzentriert, leise, sensibel und gebildet. Ein solcher Mensch ist in unserer ver-rückten Welt leider gefährdet.

Besonders der unnötige Lärm verursacht ihm Probleme und macht ihn krank. Nicht der Lärm einer Baumaschine oder eines Flugzeugs über seinem klugen Kopf. Nein, es ist zum Beispiel der Lärm in einem Supermarkt, wenn zu den üblichen Kaufgeräuschen noch die Dauerberieselung durch Musik hinzukommt.

Er zeigt mir eine Kunstpostkarte mit der Abbildung

eines Gemäldes von Edvard Munch: „Der Schrei". Zwei Männer, der eine den Mund geöffnet zu einem Schrei, wenden sich am Meer von einem – so scheint es – Schiffsunglück ab.

Warum ihm das Bild so wichtig sei, frage ich ihn. Es zeige seine Situation, antwortet er mir, symbolisiere seine Verzweiflung in einer Welt voller Finsternis, Katastrophen, Lärm und Einsamkeit. Ob er einer dieser beiden Personen sei, frage ich ihn. Ja, der Schreiende sei er.

Behutsam und leise weise ich ihn auf die Widersprüche zwischen seiner Situation und jener des Gemäldes hin: Er sei nicht allein, habe eine wunderbare Frau mit einem Sonnennamen, sei hier oben in einem Ort der Stille (wir befinden uns gerade auf einer Finca im Norden von Teneriffa oberhalb einer Bucht) und er sei nicht alleine, denn ich sei ja bei ihm und dies ohne Scheu vor zu großer Herzenswärme.

Dann sei es wohl das Bild selbst, was ihn traurig und depressiv mache, diese düsteren Farben, dieses vor Schmerzen schreiende Gesicht, die traurige Szene. „Lass es uns gemeinsam betrachten, genau und in aller Ruhe!", schlage ich vor. Und so sehen wir, dass die Farben nicht nur düster sind, denn außer dem kalten Blau und Grün und dem Schwarz gibt es auch gelbe und rote Töne, Farben, die Blumen auf der Wiese tragen, rot wie das Blut, das wir zum Leben brauchen, rot wie der Wein, den wir gleich zum Essen trinken werden, rot wie die Sonne am Abend im Hochsommer. Gemeinsam entdecken wir, dass der schreiende Mann nicht alleine und damit vielleicht in schlechter Gesellschaft ist, sondern in Begleitung; er kann sich durch den Schrei jemandem mitteilen.

Ich erzähle ihm von Arthur Janov, der eine Schrei-Therapie erfunden hat, weil er feststellte, dass Schreien Blockaden der Vergangenheit löst; ich erzähle ihm vom ersten Schrei eines Kindes, der verkündet, dass es lebt und leben will; ich spreche davon, dass es in der deutschen Sprache die verblüffende sprachliche Parallele von „schreien“ und „schreiten“ gibt. Bewegung als Ausdruck des Fort-Schrittes. Der Schrei als der Anfang von allem, immerhin steckt in „schreien“ das Urwort „Ei“. Zudem ist ein Schrei oft not-wendig, um Hilfe zu holen oder um Druck abzubauen. Und auf dem Bild ist das Schiff nicht vom Strudel in die Tiefe gerissen worden, sondern scheint sich dagegen zu wehren, an dieser Stelle ist das Gemälde in helleren Farben gemalt.

Die anderen warten schon auf uns. Vor dem Speisesaal bleibt er stehen. „Ich würde so gerne einmal schreien, habe es noch nie getan, denn ich traue mich nicht.“ – „Morgen in Teno Alto in der Einöde hoch über dem Meer wird sich eine Gelegenheit bieten. Ich werde es einrichten.“

Teno Alto, jener wundersame Ort der Stille, wo die Bienen sich tänzelnd und summend auf den Weg zu den Blüten machen, wo in der Ferne sacht die Glocken der Ziegen bimmeln, erzähle ich die Geschichte vom zaghaften Bauern. Danach bitte ich die Anwesenden, zehn Minuten zu schweigen und die Musik der Stille zu genießen. Und am Schluss schlage ich vor, jede und jeder möge, wenn es denn recht sei, nun einen Schrei ausstoßen, aber keinen unartikulierten, ein Wort, das öffnet, wie „Ja“ und nicht eines, das zumacht wie „Nein“. Birgit, die tüchtige Kollegin, von mir eingeweiht, begleitet Michael weit weg von den anderen. Wir müssen lange warten. Es kommt uns vor, als müssten wir warten, bis nach der Geburt der entscheidende Schrei eines Kindes ertönt. Dann hören wir es: „Ja!“, schreit Michael. Es ist so still, dass man das Tanzen der Bienen hören kann. Und dann ein zweites Mal „Ja!“

Ein Mensch ist zum zweiten Male geboren worden. In Michael wurde es hell. Wir freuen uns mit ihm.

Jede und jeder kann erneut geboren werden – in eine angstfreie Existenz, in ein neues Licht. Wie bei der ersten Geburt tut ein Schrei kund, dass man (wieder) am Leben teilnimmt – trotz aller Widrigkeiten.

Der zaghafte Bauer

Nicht überall in der Welt wird erst gepflügt und dann gesät. Dort, wo der Ackerboden nur dünn oder gar karg und steinig ist, macht man es genau umgekehrt: Man sät erst und dann pflügt man. Das ist eine kluge Entscheidung. Wenn man bewusst dorthin sät, wo das Steinige und Felsige durchschimmert, fällt beim Pflügen Erde darauf und die Fläche des Feldes vergrößert sich. Man wirft auch Samenkörner auf das Unkraut: Es soll untergepflügt werden, damit es wie ein Dünger wirkt. Und auch den Trampelpfad zum Ort bestreut man mit Samenkörnern.

So macht es auch der zaghafte Bauer. Mit weitem Schwung und voller Freude verteilt er sein Saatgut auf Felsiges, auf den Trampelpfad, auf und unter die Disteln. Danach pflügt er und vermengt die Erde mit dem kostbaren Samen. Stolz betrachtet er seines Tages Werk und freut sich, weil er denkt: Wenn alle Saat aufgeht und Frucht trägt, dann kann ich vielleicht zwei Stück Vieh kaufen und mein Kind in die Stadt auf eine Schule schicken.

Erschöpft, aber glücklich tritt er den Heimweg an. Noch einmal dreht er sich um, um im beginnenden Abendlicht sein Feld zu betrachten. Er reibt sich die Augen. Er schreit. Er rennt zurück. Er fuchtelt mit den Armen und schreit, so laut er kann. Ein Schwarm von Vögeln hat sich auf seinem Acker niedergelassen, Tausende und Abertausende, wie es scheint. Sie fressen seine Körner, scharren sie mit den Krallen aus dem Boden und verschlingen sie hastig. Er verscheucht die Vögel an der Westseite seines Feldes und sie lassen sich im östlichen Teil nieder. Er rennt zur Ostseite, sie verziehen sich nach Westen.

Der Bauer weint und resignierend dämmt ihm: Ich kann doch nicht heute und morgen und alle Tage bis zur Ernte lebendige Vogelscheuche sein. Zuhause berichtet er seiner Frau von der bevorstehenden Katastrophe, Wohl die Hälfte der möglichen Ernte könnte in den Vogelschnäbeln verschwunden sein. Sanft und wunderbar tröstet ihn seine Frau und meint: So schlimm wird es nicht sein!

Wochen später betrachtet der Bauer mit düsteren Augen sein Feld und findet er seine schlimmsten Befürchtungen bestätigt. Disteln und anderes Unkraut überwuchern die zarten Halme und ersticken sie. Der Wind hat an einigen Stellen die Erde verweht, sodass die Keimlinge, schutzlos der erbarmungslosen Sonne ausgesetzt, verdorren. Fassungslos stammelt er: Nichts werden wir ernten, noch nicht einmal für das tägliche Brot wird es reichen. Niemals mehr möchte ich diesen gottverfluchten Acker wiedersehen.

Die Zeit der Ernte naht. Die Bauersfrau überredet ihren Mann, mit ihr zu seinem Feld zu gehen, und missmutig trottet er neben ihr her. „Schau, unser Feld!", ruft sie ihm zu, als sie die Wegbiegung erreicht haben. „Das ist nicht unser Feld", gibt er zurück. „Doch, doch! Schau da am Ende unser Maulbeerbaum und dort rechts die beiden Palmen, die es begrenzen!"

Sie hat Recht. Es ist sein Feld. Tausende und Abertausende von Halmen voller Frucht wiegen sich im leichten Sommerwind. Ernte im Übermaß. Da denkt der Bauer: Wie töricht bin ich gewesen, wie kleingläubig! Ich habe gedacht: Alles ist verloren! Dabei ist aus so wenigem so viel geworden.

Zu „wissen", dass vieles gut werden kann, obwohl am Anfang alles dagegen zu sprechen scheint, hellt eine dunkle Seele auf. Vielleicht hat Jesus diese Geschichte seinen Jüngern und Begleiterinnen erzählt, damit sie in allen Anfeindungen nicht aufgeben, vielleicht wollte er auch sich selber Mut machen.

Auf Teufel komm' raus

„Mein Herz", sagt er, „sehnt sich nach der Nacht, Tod und Blut." – „Schnee im Frühling", antworte ich ihm. Er schaut mich verwundert an. „Ihr Satz ist ein Zitat aus Yukio Mishmas tragischer Liebesgeschichte ‚Schnee im

Frühling'" erläutere ich und füge hinzu: „Seltsam, dass Sie und ich diesen Satz nicht vergessen haben."

„Ich habe meine Liebe und habe mein Leben verloren. Wie Jesus habe ich gelitten. Ein alptraumhaftes Vegetieren." Ich lasse ihn weitererzählen, diesen Mann mit einer feuerroten, brennenden, juckenden, schmerzenden, sich schuppenden Haut. Die Frau trennte sich von ihm, die Kinder ergriffen Partei für die Mutter. „Tag und Nacht", so erzählt er und kratzt sich sein Bein zu einer blutenden Wunde, „habe ich gearbeitet. Fünf Stunden Schlaf mussten genügen; im Betrieb habe ich deren acht gearbeitet und danach noch vier Stunden als Taxifahrer. Samstags und sonntags und im Urlaub dann auf dem Bau unseres Hauses. Meine Frau wollte unbedingt ein eigenes Haus und als es dann erbaut war – Stein für Stein mit eigener Hand –, da konnte ich nicht aufhören zu arbeiten. Ich hatte mich so daran gewöhnt, Tag und Nacht zu arbeiten, dass ich einfach nicht aufhören konnte, so ungefähr wie ein Trinker, der nicht aufhören kann zu trinken. Dreizehn Monate nach dem Richtfest wurde meine Haut rot, was mich nur mäßig beunruhigte. Heute ahne ich, dass meine Haut rot und schuppig und juckend wurde, weil ich mich, das Leben sozusagen, vernachlässigte. Die Hautsache wurde zur Hauptsache, wurde so schmerzhaft und entstellend, dass ich ins Krankenhaus musste. Schon drei Monate bin ich hier, aber trotz aller Medikamente und Bestrahlungen, trotz aller Mühen und Sorgen der Ärzte, wird es nicht besser, will es einfach nicht besser werden." – „Sie müssen sich gedulden!" – „Das sagen alle; das brauchen Sie mir nicht auch noch zu sagen!", weist er mich barsch zurecht.

Ruhig wiederhole ich: „Sie müssen warten und Geduld haben, es wird vielleicht noch zehn Monate dauern, bis sich Ihre Haut beruhigt hat." – „Wieso noch zehn?" – „Nun, sagten Sie vorhin nicht: ‚Dreizehn Monate später wurde meine Haut rot?'" Er nickt. „Ich vermute, so lange wird es mindestens dauern, es sei denn ..." – „Was?" – „Es sei denn, Sie würden beschließen, liebevoller mit sich umzugehen, also weniger zu arbeiten. Dann geht es vielleicht schneller."

Tage später fragt er mich: „Sie sind doch Pfarrer und Psychologe?" – „Ja, in dieser Reihenfolge." – „Darf ich Ihnen zwei Fragen stellen?" Während ich nicke, beginnt er bereits: „Warum ließ sich Jesus vom Teufel in die Wüste schicken und warum verehren Sie einen Gott, der seinen eigenen Sohn opfert?" – „Lassen Sie mir für die Beantwortung der zweiten Frage noch ein wenig Zeit; die erste will ich gerne beantworten. Sie behaupten mit Ihrer ersten Frage, der Teufel habe Jesus in die Wüste geschickt und Jesus habe dies zugelassen. Bei Matthäus – dort unter anderem steht diese Episode – ist es ‚der Geist'." – „Also gut, von mir aus war es der Geist. Bleibt die Frage: Warum hat sich dann in der Wüste Jesus vom Teufel versuchen lassen. Und wer ist der Teufel?"

„Das sind wieder zwei Fragen. Ich antworte mit einer Geschichte: Ein Mann, den ich kenne, ein Soldat aus Überzeugung, war Kampfflieger. ‚Ich bin meine eigene Armee', pflegte er zu sagen. Dutzende von Maschinen hat er abgeschossen, mit Ehrenzeichen war ausgezeichnet. ‚Die Menschen in den anderen Maschinen interessierten mich nicht. Es gab den Befehl und es war Krieg. Ich bin ein absoluter Perfektionist, ein Soldat durch und durch, bin aber auch ein Mann mit einer großen Sehnsucht nach Liebe, denn es gab eine zweite Welt neben jener des Kriegslärms und des Flugbenzins, die meiner Familie, die meines Kindes.‘

Sein einziges Kind wurde von einem englischen Kampfflieger getötet, als es draußen beim Spielen überrascht wurde. Er zwang sich, nicht daran zu denken. Denn zu wissen, dass es den Tod gibt, das ist die eine Seite der Medaille, dass es den Tod auch in der eigenen Familie geben kann, das ist die andere Seite. ‚Gewiss, ich war traurig, aber ich zwang mich, weiter meinen Dienst zu tun, härter und konsequenter als zuvor.‘

Dieser Mann bekam Krebs. Und wenn jemand Krebs bekommt, dann muss man *auch* fragen, was in seinem Leben geschah und wo er gegen das Leben gesündigt hat. Damit meine ich: Wo und wann, an welchem Punkt seines Lebens hat er gegen seine Gefühle gehandelt oder sich ohne Not gezwungen, etwas zu tun, was seine Seele nicht wollte? Als sein Kind starb, da zwang er sich, das Töten fortzusetzen, vielleicht in der irrigen Annahme, es tun zu müssen.“

„Was hat das mit Jesus zu tun?“, fragte mein rothäutiger Patient. „Jesus hat den Fehler gemacht, ohne große Not in die Wüste zu gehen, in die Zone des Todes, und dort freiwillig zu fasten, 40 Tage lang. Sein Teufel muss ihn geritten haben, als er dachte: Jetzt muss ich das tun, das gehört zu meinem Weg. 40 Tage lang zu fasten, auch sexuell zu fasten, ist widernatürlich und bestimmt nicht gottgewollt.“

„Aber es war doch der Geist, der ihn dazu zwang!“ – „Ja, sein Geist, sein verwirrter Geist, seine irritierte Seele, der Teufel in ihm.“ – „Sie setzen den Teufel mit ‚Lebensfeindlichkeit‘ gleich?“ – „So ungefähr: Es ist jener Teil in uns, der uns von Gott, dem Prinzip des Lebens und der Liebe, abwendet und der uns ohne Not dazu bringt, zu töten oder Gewalt nach innen gegen uns selber zu richten. In dieser Gefahr der Lebensfeindlichkeit und des Bösen stehen jede und jeder von uns. Der Gott, an den ich glaube, trauert um solche Menschen wie jenen Soldaten und auch um Jesus; die beiden hätten einen anderen Weg gehen können, statt mit offenen Augen den falschen zu wählen. Der Gott, an den ich glaube, ist ein guter und lieber Gott und der Glaube an ihn trägt uns, hilft uns, heilt uns."

„Der Gott der Bibel schickt Jesus ans Kreuz! Seinen eigenen Sohn! Und dieser schreit: ‚Mein Gott, mein Gott, warum hast du mich verlassen?'" – „Nein, der Gott, an den ich glaube, hat auch diesen zweiten Fehler Jesu, den Tod am Kreuz, nicht gewollt und ihn auch nicht verhindern können. Es war der ‚Geist', die Entscheidung von Jesus, in die Wüste zu gehen und dort zu fasten. Wobei nebenbei bemerkt die Begegnung mit dem Teufel, dem Schatten in einem selbst, sicherlich förderlich sein kann, *wenn man dabei nicht alleine ist.* Und es war seine Entscheidung ans Kreuz zu gehen. Cui bono? Wem hat er damit genutzt? Wie viel Wunderbares, Heilendes und Kluges hätte er noch vollbringen können!"

Ich schweige. Er schweigt. Dann spricht er: „Wenn ich Sie richtig verstanden habe, dann hätte sich Jesus anders entscheiden können, als sich zu sagen: Ohne Gott, diesen guten Vater und Begleiter, bin ich nichts als Angst, gnadenlos dazu getrieben, sich das eigene Lebensrecht von anderen aufzwingen zu lassen wie bei diesem Piloten im Krieg, von dem Sie sprachen." Ich nicke und ergänze: „Wahrlich traurig ist es, dass Jesus das alles wusste und es genau so in den Gleichnissen erklärte, nämlich dass wir alle in Gott geborgen sind, dass wir einmalig, voller Würde und Lebensberechtigung sind. *So* werden wir gesund, kommen auf die Füße, fühlen uns rein und schön. Daran zu glauben, ist unsere vornehmste Pflicht. Leider hat Jesus es zweimal nicht geschafft: in der Wüste und am Kreuz. Er hat nach Gott geschrien, weil er in den letzten hektischen Stunden Gott aus den Augen verloren hat. Er war voller Angst – und fern von Gott. Deshalb schrie er: ‚Mein Gott, mein Gott, warum hast du mich verlassen?'"

„Warum hat Gott diesen guten Menschen nicht gerettet, durch ein Wunder?" – „Sie stellen die Frage nach Gottes Gerechtigkeit. Diese Frage stelle ich mir, seit ich im Klinikum arbeite und miterleben muss, dass kleine Kinder an Krebs sterben. Ich habe gelernt, dies zu akzeptieren." – „Und meine rote Haut, muss ich die auch akzeptieren?" – „Nein, das müssen Sie wahrlich nicht. Wir sollten gemeinsam überlegen, welcher Teufel Sie geritten hat, sich so sehr gegen das Leben zu versündigen."

Ein paar Monate später ging die Rötung zurück. Es geschah ganz langsam. Das ist kein Wunder.

Der Gott, an den ich glaube, ist ein guter Gott. Er will keine Rache, keine Bestrafung, keine Prüfung noch will er uns angst und bange machen. Er begleitet uns durch Menschen, die uns Mut machen, an das Wunder nicht nur zu glauben, sondern unsere Energien einzusetzen, um sie aktiv herbeizuwünschen.

Die arme Frau

„Irgendwann einmal werden Sie erwischt“, prognostizierte ich kühn. Und so war es. Sie klaute eine Haarbürste für 2,59 Euro. Der Geschäftsführer holte die Polizei. Sie holte mich. Auch wenn sie nun in Behandlung war, musste sie mit einer Anzeige wegen Ladendiebstahls rechnen.

„Zum zehnten Male: warum?“, fragte ich sie. – „Zum zehnten Male: weil ich arm bin!“ – „Sie sind nicht arm, wahrlich nicht.“ – „Ich muss für meine Familie sorgen.“ – „Sie sind reich, besitzen Wohnungen, Ihr Mann arbeitet in einer renommierten Firma, Ihre Kinder sind erwachsen und leben in fernen Ländern. Warum bringen Sie sich wegen einer simplen Haarbürste, die weniger als 3 Euro kostet, in eine solche Situation?“ – „Weil ich arm bin!“, antwortete sie. Danach schwieg die Frau.

Manche Sachen kann ich nur fühlen, nicht begreifen. Sie ist nicht arm und in irgendeiner Form ist sie es doch. Wie nahe liegen Worte zusammen; ich denke an „amor te“ = ich liebe dich und „amorte“ = tot sein. Ich versuche es in der nächsten Stunde mit dem Begriff „arm“ und frage die Frau, was sie sich darunter vorstelle oder damit verbinde. Sie überlegt und antwortet: „Hände“. Von alleine hat sie sich wegbegeben von dem Begriff der Armut in den Bereich des Körpers: Arme.

Nun geht es ganz schnell. Ich frage, sie antwortet aus dem Bauch heraus: „Welche Hände?“

„Die von ihm.“

„Von wem?“

„Von meinem Mann!“

„Schöne Hände?“

„Nein! Ja!“
„Ja oder nein?“
„Weiß nicht.“
„Was empfinden Sie, wenn er Sie mit den Händen berührt, Sie in seine Arme nimmt?“
„Tut er nicht mehr.“
„Früher?“
„Jetzt nicht mehr.“
„Warum?“
„Er will immer nur das Eine.“
„Was ist das ‚Eine‘?“
„Sie wissen genau, was es ist!“
„Ich weiß es nicht, sonst hätte ich nicht gefragt.“
„Klar wissen Sie es, Sie sind doch ein Mann!“
„Das Eine kann vieles sein: ein Bier, ein Steak ...“
„Sie machen sich lustig über mich, Sie wissen nämlich ganz genau, was damit gemeint ist.“
„Nun, ich ahne es, aber ich möchte, dass Sie es aussprechen.“
„Er will mit mir schlafen, wenn er mich in die Arme nimmt.“
„Was ist daran schlecht? Oder schlimm? Immerhin gab es Zeiten, da haben Sie es genossen, dass er Sie begehrte.“
„Ich will es nicht.“
„Soll er sich die Erfüllung seiner sexuellen Lust bei einer anderen holen, sich eine Geliebte zulegen?“
„Nein!“
„Was wollen Sie stattdessen?“
„Ich will, dass er mich mit seinen Händen streichelt, mich in die Arme nimmt, ohne dass es zu einem sexuellen Kontakt kommt.“

„Haben Sie ihm das erklärt?"

„Ja, vor langer Zeit, aber er hat es nicht kapiert."

„Wir Männer sind anders, wir brauchen die Erklärung bisweilen öfter. Und dabei kommt es auf die Melodie an. Er muss die Melodie der Hoffnung hören, dass am Ende doch wieder körperliche, sexuelle Nähe stehen kann, es sei denn, Sie empfinden keine Lust mehr bei der Vereinigung. Das allerdings möchte ich nicht glauben."

„Was soll ich tun?"

„Sagen und erklären Sie ihm, dass Sie sich nach seiner Nähe sehnen, aber noch nicht nach einer Vereinigung. Sagen Sie, dass Sie das Ziel haben, sich ihm auch körperlich zu öffnen, und zwar möglichst bald. Und wenn Sie Lust verspüren, sich ihm zu öffnen, dann gehen Sie auf ihn zu, sagen Sie genau dies: Ich möchte gerne jetzt mit dir schlafen. Der Vorteil ist nicht nur, dass ein Feuerwerk positiver Gefühle sich in Ihrem Schoß ausbreiten kann, sondern auch in Ihrem Gehirn, dass Sie einen guten Krebsschutz für sich und Ihren Mann schaffen. Vor allem werden Sie nicht mehr stehlen müssen, weil sie wissen: Ich werde geliebt, kann lieben und bin deswegen eine reiche Frau."

Wie viel Geld oder materielle Dinge braucht ein Mensch im Leben wirklich? Es ist verständlich, Besitz gegen die Angst vor Ablehnung zu setzen. Aber Dinge ersetzen keine Beziehungen, sie können sie nur verschönern.

Miriams Feind

Mit stummer Stimme
träume ich von morgen
sorgenvoll
sehnsuchtsvoll
und warte wie gelähmt

Diese Zeilen stammen von einem unbekannten Jugendlichen. Miriam hätte sie genauso schreiben können. Miriam, sie ist 19, lebt in tiefer Finsternis, denn in ihr wohnt ein Feind: ein Krebs. Er lebt seit ihrem 4. Lebensjahr in ihrer Wange und ist inoperabel. Nein, nicht dass er bösartig wäre und zum Tode führt. Er bläht Miriams linke Wange auf – aus ihrer Sicht wie einen Ballon – und manchmal leuchtet er auf ihrer linken Wange wie ein kleines Feuer. Miriam ist unglücklich, fühlt sich hässlich, hält sich für bedroht und empfindet sich als nicht liebenswert. Darüber hinaus ist sie von der Statur her klein, klein und unglücklich und empfindet sich als verunstaltet. „Jeder sieht es und dann will mich keiner mehr ansehen", sagt sie. Den Namen ihrer Bedrohung spricht sie nicht aus.

Miriam ist in Wahrheit eine hübsche junge Frau mit wunderbaren Augen und einem Lächeln, das die Sonne noch wärmer scheinen lässt, als sie es ohnehin tut. Am ersten Abend wird jeder in der Gruppe gefragt, was ihm als Erstes an Miriam auffällt. Die Augen, sagt der eine, ihr Lächeln, eine andere. „Und als Zweites?" Der Mund, und ein junger Mann flüstert: der tolle Busen.

Niemand erwähnt die durch den Krebs veränderte Wange. Nicht aus Scham, Höflichkeit oder Unsicherheit wird die Wange übersehen, sondern weil sie weder auf den ersten noch auf den zweiten Blick auffällt.

Sie schaut ungläubig in die Runde. „Der Krebs ist nicht dein Feind“, sage ich. – „Er ist mein Feind, wer sonst?“ – „Du bist dein Feind!“

Eine Woche lang erkläre ich ihr, dass der Wangenkrebs sie nicht bedroht, dass er ein Teil von ihr ist, harmlos, solange sie ihn als Teil von sich akzeptiert. Fast jeder muss mit einem Mangel oder Makel leben, sage ich und dass es darauf ankommt, sich selber zu lieben, dass sie eine schöne junge Frau ist – all das, was ein therapeutischer Begleiter um der Wahrheit willen sagen kann, sagen muss. Erst am Ende der Woche ereignet sich das kleine Wunder. „Ich fühle mich wohl“, sagt sie. „Und dein Krebs in der Wange?“ – „Ich lerne, ihn zu meinem Freund zu machen.“ – „Und du? Bist du auch deine Freundin?“ – „Noch nicht ganz.“

Bisweilen ist im Üblen das Gute enthalten. Der folgende Brief gilt allen Miriams dieser Welt:

Du bist in einer Krise, einer Krankheit vielleicht oder in einer Depression oder gar in beidem. Da will die Nacht, der Kampf, kein Ende nehmen. Du scheinst den Atem deines Feindes zu hören, kannst ihn nicht sehen, spürst aber seine Kraft und Macht. Er scheint dir überlegen zu sein, ebenbürtig zumindest, es scheint sogar, er ist ein Teil deiner selbst. Du willst, dass dieser Kampf, diese Nacht voller Angst endlich einem neuen Morgen weicht. Aber du kannst die Zeit nicht ziehen, ebenso wenig wie einen Kornhalm, damit er schneller wächst. Sei gewiss: Es wird Morgen werden! Du wirst erkennen: Ich habe mit einem Engel gerungen, der mich loslassen will, um zu verschwin-

den. Lass ihn los! Du kannst ihn, wie damals Jakob, von dem das Alte Testament erzählt, um einen Segen bitten. Er wird dich berühren an der Stelle deiner Verletzung, damit du dich erinnerst an die Krankheit, die Nacht, deine Depression, die nicht enden wollte und nun doch ein gutes Ende gefunden hat. Du bist dein Arzt, nicht ich. Liebe deinen Feind, er gehört zu dir. Lebe mit deiner Wunde, sie gehört zu dir. Dann geschieht das WUNDE-R.

Nie und nimmer?

Sein Vater bat mich um Hilfe. Um seinen Sohn ging es. 32 Jahre sei er alt, das Haus habe er seit zwei Jahren nicht verlassen, außer eben zur Taufe seines jüngsten Kindes. So könne es nicht weitergehen. Die Ehe seines Sohnes sei in Gefahr. Ob ich nicht helfen könne?

Ich? Ein paar Worte von mir über mich. Ich bin kein Zauberer. Ich bin kein Heiliger. Ich werde oft überschätzt. Ich bin ein guter Begleiter. Ich sehe meist eine verborgene Tür, wo andere nur eine Mauer sehen. Meine Tugenden machen mich stark: Neugierig bin ich und schätze meine Urteilskraft, also bin ich weise; ich habe Mut, ich bin lieb und gerecht; ich glaube an Gott und lebe weitgehend diszipliniert; ich genieße das Leben und vermeide nach Möglichkeit Erfahrungen von Bitterkeit. Ein gewisses Maß an Verletzungen kann ich tapfer ertragen, lasse aber nicht zu, dass Verletzungen mich lähmen.

„In der Regel kommen die Menschen, die ich begleite, zu mir. Ich werde Ihrem Sohn einen Brief schreiben, den Sie mitnehmen und ihm heute noch aushändigen können. Und gleich morgen früh werde ich ihn anrufen und mit ihm das Weitere besprechen."

Bisweilen warten Menschen darauf, dass von außen ein Impuls kommt, eine Chance, der Krise zu entrinnen. Sie möchten an die Hand genommen und geführt werden. Manuel entschloss sich, das Haus sogar für eine Woche zu verlassen und zu mir nach Teneriffa zu kommen. Manchmal eben ist Distanz wichtig, um Überblick zu gewinnen. Den Grund für seinen Tablettenkonsum und seinen Rückzug ins Haus nannte er freimütig gleich bei unserer ersten Wanderung in der Caldera von Aguamansa: Er hatte mit dem zweiten Lastzug der Speditionsfirma seines Vaters einen Unfall. In einer unübersichtlichen Kurve kam ihm ein Pkw frontal entgegen. Manuel konnte den Lkw nur noch hart gegen eine Felswand setzen, um die Unfallfolgen mit dem Pkw und dessen Fahrer abzumildern.

„Tag und Nacht hatte ich die schrecklichen Bilder vor Augen: den schwer verletzten Pkw-Fahrer, den zertrümmerten Lkw und dazu die Geräusche von Zerstörung. Da beschloss ich: Nie und nimmer werde ich wieder Lkw fahren. Mein Vater meint zwar, ich solle mich nicht so anstellen; das Beste aus der Situation hätte ich gemacht und die Versicherung würde den Schaden übernehmen. Aber ich kann nicht, ich will nicht! Nie und nimmer! In einer Schublade im Zimmer meiner verstorbenen Oma fand ich einen Berg von Tabletten. Und mit Tabletten darf ich nicht Auto fahren."

„Manuel, du musst das Haus verlassen!" – „Nein, wenn ich es tue, dann denkt mein Vater, alles sei wieder gut, ich könne den zweiten Truck wieder übernehmen.

Aber ich kann nicht, nie und nimmer." – „Manuel, du hast mir erzählt, dein ältester Sohn spielt jetzt Fußball, in der F-Jugend. Noch nie warst du bei einem seiner Spiele, hast ihn angefeuert oder getröstet. Du hast doch selber als Junge gekickt und dein Vater hat dir zugeschaut, ganz oft, nicht wahr? Kannst du dir vorstellen, wie traurig dein Sohn ist, dass ausgerechnet du, sein Papa, nicht kommt und schaut und ihn bewundert?" – „Wir kicken im Garten", wirft Manuel zaghaft ein. „Papperlapapp, das ist etwas völlig anderes. Oder deine Frau. Wie alle Frauen liebt sie die Öffentlichkeit, die privaten oder kirchlichen Feste, die Geselligkeit, das Tanzen. Seit mehr als zwei Jahren ist sie allein. Irgendwann wird sie ein Ansehen bei einem anderen Mann haben und dann wirst du allein sein." – „Ich war bei der Taufe vom Jüngsten doch mit ihr in der Kirche." – „Diesmal ist einmal keinmal!" – „Ich kann nicht raus, verstehst du denn nicht? Mein Vater glaubt dann, alles sei wieder gut. Aber ich will nie und nimmer mehr Lkw fahren!"

„Gibt es etwas anderes, was du kannst und gerne machst?" – „Ja, ich kann ganz gut mit dem Computer umgehen. Ich habe Geld von der Oma bekommen, ich könnte ein Computergeschäft aufmachen, Leute in den Computer einführen. Ja das ginge, aber wenn ich das mache, dann denkt mein Vater, dann kann er auch den zweiten Lkw fahren, aber ich will nie und nimmer ..." – „Ich weiß, Manuel, ich habe es jetzt tausendmal gehört: Du willst nie und nimmer Lkw fahren. Aber woher willst du wirklich wissen, ob dein Vater nicht mit der Alternative einer Beratungsfirma in Computersachen einverstanden ist? Frag ihn doch?" – „Nein, frag du ihn, bitte!"

Dankbar und glücklich reagierte der Vater auf diese Idee, dankbar und glücklich darüber, dass Manuel, der von diesem Tage an vor Energie und Ideen schier platzte, wieder ins Leben zurückfand.

Es ist Freitag, Manuel weint, als ich ihn sehe. Ich nehme ihn in die Arme und frage nach dem Grund seiner Trauer: „Vater ist verunglückt, kurz vor Mailand, schwerer Herzanfall, auf Leben und Tod, konnte den Lkw gerade noch an den Rand fahren, liegt in irgendeinem Mailänder Hospital", berichtet er stockend und weinend. „Sag den anderen, dass es schön war. Ich muss weg, das Taxi wartet draußen, muss zum Flughafen, muss nach München!" Ich erwidere: „Ich hatte verstanden, dass der Unfall vor Mailand war." – „Ja, das ist richtig, aber ich muss nach Hause, nach München." – „Was willst du in München? Deine Mutter wird längst schon in Mailand bei deinem Vater sein." – „Ich muss trotzdem nach München, meinen Führerschein holen!" – „Wozu brauchst du einen Führerschein, Manuel? Es gibt Taxen in Mailand."

Natürlich ahne ich es schon. „Ich kann doch den Lkw nicht da stehen lassen. Der wird geklaut oder ausgeraubt. Ich muss den Lkw zurückbringen. Und wenn Vater stirbt oder nicht mehr fahren kann, dann mache ich das eben!"

Nie und nimmer? Beinahe wäre es soweit gewesen! Dann hätte sein Unterbewusstsein es ihm unmöglich gemacht, einen Lkw zu bedienen. Aus lauter Angst, etwas zu übersehen oder zu vergessen, können wir wie gelähmt sein und aus dem Alltag fliehen. Wer sich unablässig negativ programmiert, der kommt irgendwann an den Punkt, an dem er nie und nimmer das tun kann, was er vorher konnte.

Nie und nimmer, niemals, nichts, total, immer – das sind radikale Worte, die keinem Menschen gut tun, dem, der sie spricht, nicht und nicht dem, der sie zu hören bekommt. Anders, neu, ich will, du kannst – das sind Worte, die heilen und ins Leben führen.

Scheel auf Löwenjagd

Der Tünnes fragt den Scheel: „Ich habe dich lange nicht gesehen. Wo warst du überhaupt?" – „Ich war in Afrika, auf Löwenjagd." – „Mensch! Toll! Wie viele Löwen hast du denn geschossen in Afrika auf deiner Löwenjagd?" – „Ich persönlich habe überhaupt keinen geschossen." – „Wie? Du warst extra in Afrika, hast das viele schöne Geld ausgegeben und hast keinen Löwen geschossen?" – „Keinen ist viel für Löwen!", meint Scheel schmunzelnd.

Ich habe lange gebraucht, um über diese Anekdote zu lachen, und habe die Antwort für töricht gehalten, entspricht sie doch überhaupt nicht den Regeln der Logik. Das Leben aber hat mich gelehrt, dass menschliche Existenz eben nicht logisch-mathematisch berechenbar ist (und auch, dass die Liebe keine Geometrie ist). Weder am Anfang noch am Ende eines geplanten Unternehmens muss eine Zahl stehen!

Auf Löwenjagd zu gehen – sich einer Angstsituation zu stellen –, erfordert Mut. Und nicht immer muss man den Löwen auch erlegen; manchmal ist es genug, ihn zu beobachten, und in einigen Fällen kann man beim Anblick sogar Freude empfinden.

Die Hängematte

Bevor ich fragen konnte, was sie gerne an den Anfang unserer Stunde stellen wollte, also das, was ihr besonders wichtig war in den letzten Tagen, begann sie: „Herr Dr. Strecker, ich hatte einen furchtbaren Traum, in dem Sie vorkamen. Ich habe geträumt, ich käme in die Sprechstunde. Ich ging von der Straße die Treppe hoch durch den kleinen Park, den ich so liebe, und sah: Ihre Hängematte ist leer, Ihr Wanderstock und Ihr Wanderhut liegen auf dem Boden, Sie sind nicht zu sehen. Ich wollte den Hut aufheben, aber er zerbröselte mir zu Staub und der Wanderstab war zerbrochen. Da dachte ich im Traum: Der Herr Dr. Strecker ist tot. Wer soll mir nun in meiner Angst helfen, dachte ich und war sehr traurig." – „Nun, tot bin ich nicht und wäre dem so, dann würde ein anderer Ihnen helfen, eine meiner beiden tüchtigen Kolleginnen vielleicht." – „Niemand kann mir helfen, nur Sie!" – „Das ist übertrieben. Ich bin nur ein Mensch, übersehe das eine oder andere, mache Fehler wie jeder Mensch und darüber hinaus: Ich bin oft weg, dienstlich oder privat mit meiner Frau. Dann müssen Sie auch auf mich verzichten."

Sie schaute mich lange an, schwieg und überlegte. Dann fragt sie mich: „Denken Sie an mich, wenn Sie mit Ihrer Frau im Ausland unterwegs sind?" – „Ja, ich denke oft an die Menschen, die ich gerade begleite, wenn ich unterwegs bin." – „Das habe ich nicht gefragt!", erwiderte sie mit Schärfe. „Ich habe Sie gefragt, ob Sie an *mich* denken, wenn Sie mir Ihrer Frau unterwegs sind." – „Sie gehören zu meinen Patienten, also denke ich auch an Sie."

Sie biss sich mit den Zähnen auf die Unterlippe und begann mit sanfterer Stimme: „Können Sie sich nicht vorstellen, dass ich Sie begleite, wenn Sie im Ausland unterwegs sind, dass ich an Ihrer Seite bin, Tag und Nacht?“ Ich betrachtete die etwa fünfzigjährige Frau, schaute ihr in die Augen und antwortete: „Das kann ich mir sehr wohl vorstellen, denn Sie sind wahrlich eine schöne Frau. Zu einer anderen Zeit und unter anderen Umständen wäre das durchaus denkbar. Aber jetzt ist weder diese Zeit noch gibt es jene Umstände, die ein solches Denken realistisch erscheinen ließen.“ – „Also nein!“ – „So ist es. Damit meine ich nicht Sie, Ihr Äußeres, Ihr Denken, Handeln und Fühlen. Nur: Diesen Wunsch kann und will ich nicht erfüllen.“

„Und der Traum? Offenbart er nicht meine Nöte, meine Sorge um Sie?“ – „Er offenbart eher Ihre Not und Ihre Sorgen. Denn wenn Sie sich umschauen: Es gibt hier weder eine Hängematte noch einen Wanderhut oder einen Wanderstock. *Sie* sind matt! *Sie* hängen herum! *Sie* fühlen sich nicht behütet! Noch nicht mal am Stock können Sie gehen! Das sagt der Traum. Und mir sagt er, dass Sie sich in gefährlicher Weise von mir abhängig machen, dass Sie von einer Abhängigkeit – ich meine Ihre Angst – in eine neue geraten, nämlich in jene von mir. Das ist nicht gut, weder für Sie noch für mich. Ich muss mich überflüssig machen bei Ihnen oder mich von Ihnen trennen. Karin wäre eine gute Alternative.“ – „Dann sterbe ich!“ – „Mit einer solchen Einstellung sterben Sie mitten im Leben. Geben Sie sich und mich frei! Die Liebe ist ein Kind der Freiheit.“

Ein langes Schweigen, mehr als eine Minute. Dann: „Wenn es denn sein muss!“ „Ja, ich glaube, es muss so sein. Beginnen wir nun mit unserer Arbeit, zum Beispiel mit den Fortschritten, die Sie in der vergangenen Woche gemacht haben oder machen wollten."

„Die Liebe ist ein Kind der Freiheit." Liebe, die aus Angst geboren wird, ist keine wahre Liebe. Liebe, die nur festhält, ist keine wahre Liebe. Wahre Liebe muss freigeben können, loslassen können. Und der erste Schritt besteht vielleicht darin, auch die Angst freizugeben und loszulassen.

Eine Nacht ohne Angst

Eine Legende berichtet von einem Mann am Meer, der einen von einer Woge an Land gespülten Seestern wieder ins Meer zurückwarf. Jemand, der ihn beobachtete, fragte, was das denn solle, es lägen doch Hunderte von Seesternen im Sand: „Das ergibt doch keinen Sinn! Das bedeutet doch keinen Unterschied!" Da erwiderte der Mann: „Für den einen ergibt es einen Sinn und bedeutet einen Unterschied!"

Einmal erhielt ich am frühen Abend einen Anruf aus der Psychiatrie. Ein Pfleger bat mich zu kommen und fügte im Vertrauen hinzu, es sei der Stationsärztin nicht recht. Ein Besuch in der Psychiatrie ist schwer für jedermann. Die Kranken sind es nicht, die irritieren. Es ist der Geruch, der an verfaulte Blumen erinnert, und es ist das Fehlen von Heiterkeit.

Der Pfleger und die Stationsärztin erwarteten mich; kühl und abweisend war sie, darauf bedacht, mich möglichst schnell aus ihrem Territorium zu verscheuchen. „Es ist lächerlich, was hier geschieht!", begann sie. „Sie sind hier fehl am Platze." Damit hatte sie Recht! Der Pfleger klärte mich auf: Ein Patient, der mich von einem Seminar her kannte, hatte um Hilfe gebeten, um Polizeischutz sogar, weil er befürchtete, in der kommenden Nacht ermordet zu werden.

Ich wollte mit dem Mann selber sprechen. Er kam, erkannte mich mit einem freudigen Blitzen in den Augen und ein zaghaftes Lächeln huschte über sein Gesicht. Er habe, so berichtete er, vor Jahren als einziger Zeuge einen Mörder identifiziert. Ohne seine Hilfe wäre das nicht möglich gewesen. Dieser habe vor Gericht in aller Öffentlichkeit hasserfüllt geschworen, ihn umzubringen, wenn er aus dem Gefängnis käme.

„Lächerlich!", kommentierte die Ärztin. Ich ignorierte die unwürdige Bemerkung und bat um Details und um Namen, stellte Fragen und telefonierte mit dem Staatsanwalt (den ich von meinem Studium her kannte). Alles, was der arme und ängstliche Mann behauptet hatte, entsprach der Wahrheit: Er war der einzige Zeuge, es gab eine Drohung und der Mörder sollte eigentlich am nächsten Tag entlassen werden. Die Entlassung war allerdings um Monate nach hinten verschoben worden, weil er im Gefängnis einen Wärter verletzt hatte.

Dies berichtete ich dem Mann und dem Pfleger und der Ärztin. Der Patient entspannte sich sichtlich, in seinen Augen glänzten Tränen der Dankbarkeit, als er mich umarmte und dann aufrechten Ganges in sein Zimmer schritt. Die Ärztin blickte mich nur kurz an und meinte abfällig: „Das ist bei uns nicht üblich (sie meinte die Umarmung). Morgen kommt er bestimmt mit was Neuem!" – „Mag sein", antwortete ich, „aber in dieser Nacht wird er ohne Angst schlafen." – „Was ist schon eine Nacht!", war ihre Antwort aus Eis und Finsternis. Ich ging und drehte mich nicht um.

„Was ist schon eine Nacht!" Was ist schon ein Tag! Was ist schon das Leben eines Seesterns! Jede Nacht ist kostbar und jeder Tag und jedes Leben. Ein jüdisches Sprichwort sagt: Wer ein Leben rettet, rettet die ganze Welt.

Das Risiko

In dem Land, in dem er lebte und so gerne arbeitete, war es gefährlich geworden für ihn. Er hatte so viele Wunder getan und so viele Leute hatten ihn lieb, dass die mächtigen Leute in seinem Heimatland ihn töten wollten. So ging er über die Grenze nach Syrien, um Ruhe vor seinen Häschern zu haben, und verbarg sich in einem Haus. Niemand sollte erfahren, dass er sich hier aufhielt. Vielleicht hatte man ihm sogar bei der Einreise gesagt: Halte dich zurück, Jesus, keine Mätzchen, keine Wunder, keine Provokationen unserer Priesterschaft, sonst bekommst du Ärger mit uns.

Dennoch sprach es sich schnell herum, dass er im Lande war, schließlich war er nicht alleine geflohen. Eine große Anzahl von Männern und Frauen begleitete ihn. So geschah es, dass eine Griechin um Einlass in seine Wohnung bat; in großer Sorge um ihr krankes Kind war sie, denn es hieß, dieses Kind sei verrückt und irre. Jesus dachte an die Mahnungen und Befehle bei der Einreise, vermutete sogar eine Falle und blieb deshalb vorsichtig. Erst einmal müssen die Kinder meines Landes gesund werden – mit diesem Satz versuchte er sich aus dem Dilemma zu ziehen.

Doch die Frau bat inständiger und ihr jammervolles Flehen war im gesamten Haus zu hören. Da wurde Jesus wütend und sprach: „Ich will doch nicht mein Brot vor die Hunde werfen." Vielleicht glaubte er, die Spione würden es den Behörden weitersagen und die Mächtigen würden erkennen, dass ihm die Kinder seines Landes wichtiger waren und dass er sich an die Einreise-Auflagen hielt.

Da wurde die Frau ganz ruhig und antwortete ihm mit den wunderbar klugen Worten: „Ja, Herr, aber doch essen die Hunde unter dem Tisch von den Brosamen der Kinder." Da schämte sich der Heiler, nahm die Bedrohung durch die Spione nicht länger zur Kenntnis und ging voller Vertrauen auf Gott das Risiko ein, schmerzhafte Konsequenzen zu erleiden, und heilte die vom bösen Geist besessene Tochter der Griechin – trotz Verboten, trotz seiner Angst.

Wer an Gott glaubt, der darf trotz Angst und Bedrohungen darauf vertrauen, dass alles gut enden wird. Aber nicht allein der Glaube an Gott allein ist es, was hilft, sondern wider alle Vernunft zu vertrauen, jeden Tag, und nicht taub zu werden für die leisen Stimmen, die von Hilfe sprechen und von Hoffnung.

2

Wege in die Freiheit

Überall lässt sich das Gute finden, manchmal mitten im Übel. Aus einem Samenkorn kann ein stolzer Halm mit vielen Körnern werden, aus einer winzigen Samenzelle nach der Vereinigung mit dem Ei ein großer und wertvoller Mensch. Oft will das Gute erst gefunden werden, nein manchmal scheint es fest eher, als ob es sich verbergen wollte. Und doch ist, was uns zunächst dunkel erscheint und rätselhaft, negativ und bedrohlich, oft ein verkleideter Segen. Wie hilfreich und heilsam ist es bereits, von diesem Segen allein zu wissen; wie erfüllend ist es, ihn im Leben zu spüren, zu erkennen, wie sicher er trägt; und wie lohnend ist es, nach diesem Segen zu suchen, die Wege in die Freiheit zu finden.

Berühren verboten?

Sie saß auf dem Stuhl vor ihrem Krankenzimmer, den Kopf auf den Knien und die Arme um die Knie geschlungen wie einen Streifen Einwickelpapier. Ich hockte mich vor sie auf den Boden und legte meine Hände auf ihre Arme. „Es geht Ihnen nicht gut.“, stellte ich fest. Sie blickte auf. Keine Tränen, aber Augen ohne jeden Glanz. „Metastasen“, sagte sie nach einer Weile leise. „Sie geben mir nur noch ein paar Wochen.“ Ich schwieg. „Das ist traurig. Sie sind doch noch so jung.“

Gute und richtige Worte zu finden, ist in solchen Situationen schwierig. Ärzte lernen meist nicht, schlechte Botschaften so zu übermitteln, dass sie einigermaßen erträglich sind. „Auch Ärzte können irren, tun es häufiger, als manche glauben, denn sie sind Menschen. Und Menschen können irren. Und es gibt auch Wunder, auf die wir hoffen können.“

Sie lächelte zaghaft, entspannte sich ein wenig und öffnete die verschränkten Arme über ihren Knien. Meine Handflächen berührten jetzt die Kniescheiben. „Nehmen Sie gefälligst Ihre Hände da weg!“, erscholl eine barsche Stimme, aus der ich Zorn und noch etwas anderes herauszuhören vermeinte. „Warum?“, fragte ich zurück und blickte nach oben in das Gesicht des Oberarztes. „Weil, weil ...“, er dachte nach: „Weil es sich nicht gehört, dass hier Frauen belästigt werden.“ Die Frau sprach leise und dennoch deutlich: „Ich fühle mich überhaupt nicht belästigt. Lassen Sie uns allein und zwar sofort!“ Zornesröte verfärbte sein Gesicht. „Wir sprechen uns noch, verlassen Sie sich darauf.“ Er meinte mich.

Eine Frau, die ich einst sehr zu lieben glaubte, schmetterte meinen Wunsch nach körperlicher Nähe oft mit dem Satz ab: „Berühren der Figüren mit den Pfoten ist verboten!“ Mit den Pfoten! Als wäre ich ein Tier.

Wir reduzieren Heilungschancen drastisch, wenn wir auf körperliche Nähe verzichten. Wir wissen von René Spitz, dass Kinder, die im Krankenhaus nur wenig oder keine Berührungen erfahren, sterben können. Dies gilt auch für Erwachsene. Der Radiologe und Mikrotherapeut Professor Grönemeyer schildert in seinem Buch „Mensch bleiben“ den Weg in eine liebevolle Medizin und zitiert eine Szene aus Lew Tolstojs „Krieg und Frieden“, nachdem Fürst Andrej im Kampf eine schreckliche Verwundung davongetragen hatte: „Der Arzt beugte sich tief über die Wunde, untersuchte sie und seufzte schwer. Dann gab er jemandem ein Zeichen. Und nun ließ ein quälender Schmerz im Inneren des Leibes Fürst Andrej das Bewusstsein verlieren ... Als er wieder zu sich kam, waren die zerschmetterten Hüftknochen entfernt, die Fleischfetzen weggeschnitten und die Wunde verbunden. Man besprengte sein Gesicht mit Wasser. Als er die Augen wieder aufschlug, beugte sich der Arzt über ihn, küsste ihn schweigend auf die Lippen und entfernte sich eilig.“

Undenkbar in unseren Kliniken? Schwer vorstellbar, das mit dem Kuss auf den Lippen von Arzt zu Patient oder gar Patientin? Denkbar und vorstellbar wäre wohl ein Kuss auf die Wangen oder auf die Stirn – oder das auch nicht? Welche Form der Zuwendung dann? Uns ist doch klar, dass weder chirurgische Kunst noch Medikation allein Heilung bringen. Heilend ist letztlich eine liebevolle Medizin, eine mitmenschliche Fürsorge, körperliche Nähe also. „Ich genieße es so, wenn die Schwester mich wäscht", sagte mein Schwiegervater im Krankenhaus. Körperliche Nähe macht Leiden erträglicher. Wer als Baby und als Kleinkind und als Kind intensive körperliche Nähe (Kuscheln, Streicheln, Eincremen) erlebt hat, ist wesentlich besser gegen die Unbilden von Krankheiten (besonders der Haut) geschützt als Menschen, die das nicht erleben und genießen durften. Gute körperliche Nähe vergessen wir ein Leben lang nicht. Auch wir Erwachsenen sehnen uns danach, in den Arm genommen zu werden, um Nähe und Geborgenheit zu spüren, aus der wir Kraft schöpfen.

Jener Arzt, der mir auf dem Flur befohlen hatte, meine Hände „da", von den Knien der Frau, wegzunehmen, mag ein Könner der Diagnostik sein oder ein famoser Chirurg. Liebevoll ist er nicht gewesen. Vielleicht hat er als Kind Zärtlichkeit entbehren müssen oder jetzt als Partner die Liebe einer Frau. Aber es fehlte ihm an Verständnis. Als er mich später fragte, was ich zu dem Vorfall zu sagen hätte, antwortete ich: „Cui malo? Wem habe ich geschadet?" – „Sie bringen die Station in Verruf, das ganze Krankenhaus!", schrie er mich an. „Genau das Gegenteil habe ich getan und werde es wieder und wieder tun", habe ich geantwortet und den Raum verlassen.

Distanz ist wichtig, damit wir den Überblick nicht verlieren. Nähe ist wichtig, um mitten im Leben nicht zu verhungern. Die richtige Mischung von Nähe und Distanz zu lernen und zu leben, macht gesund. Zu beidem gehören Mut und Vertrauen, Vertrauen in das Leben.

Trini Lopez

„Kennst du Trini Lopez?“, fragte er mich und summte ein paar undeutliche Takte. Nur mit großem Wohlwollen konnte ich Trini Lopez wieder erkennen. „Martin! Ich kenne Trini Lopez. Diese Frage stellst du mir in dieser Woche bereits schon zum zweiten Mal und in den letzten Jahren hast du sie mir mehrfach gestellt.“ Er strahlte mich an. Das Essen kam. „Hhmm“, meinte Martin. Er widmete sich dem Salat. „Schön hier auf Teneriffa, Dieter.“ – „Ja Martin, es ist schön hier. Du weißt es besser als die anderen, denn du warst schon dreimal hier, Martin.“ – „Ja Dieter, ich weiß.“ Die Hühnchen kamen. „Hm“, gluckste Martin vor Wonne. Die anderen lächelten. „Lecker, Dieter.“ – „Ja Martin, mir schmecken sie auch. Du erinnerst dich an den Geschmack. Sind sie wie im letzten Jahr?“ – „Ich war in diesem Jahr hier, Dieter, im Sommer. Hast du es vergessen, Dieter?“ – „Tut mir Leid, ja ich habe es vergessen. Weißt du denn noch, wer in der Gruppe mitgewandert ist, Martin?“ Er weiß es, die Namen, die Orte und das Essen. „Hm!“, hörte ich ihn sagen.

Niemand bringt uns bei, wie wir mit behinderten Menschen umgehen. Die Gruppe, mit der zusammen ich in Teneriffa war, tat es in feiner Weise. Kein Spott über das ewige „Hm“ wurde laut, kein Stöhnen, wenn Martin von Trini Lopez sprach, kein Sich-Abwenden, wenn Martin uns mit Umarmungen und intensiven Küssen begrüßte. Martin ist behindert, auch wenn es die Mutter und der verstorbene Vater nicht wahrhaben wollten. Der verstorbene Vater! „Er war nicht lieb zu mir“, berichtete Martin. „Nun, wo er tot ist, bist du mein

Vater, Dieter." Er schmiegte sich an mich, den Unterkörper und einen Teil des Oberkörpers in gebührender Distanz, hauchte mir einen Kuss auf die Wange und wollte mich nicht loslassen.

Wie viel Nähe ist einem Therapeuten erlaubt? Darf er „Vater" sein oder gar „Liebhaber"? Die Liebe! Sie ist oft ein einziges Sorgen. Ein Meer ist sie, bisweilen ein Eismeer mit schneidendem Wind, aber selbst Packeis kann strahlen bis zum Horizont. Gut, dann will ich sein Vater sein, zum vierten Mal und für diese eine Woche auf Teneriffa. Und sein Liebhaber, jemand, der ihn lieb hat, der ihn bestätigt und korrigiert, der ihn lobt und zurechtweist (zu Recht und weise will ich es tun).

Der Vater war streng und steif, wollte nicht sehen, dass sein Junge behindert ist, weil er an einem Mangel an Zärtlichkeit und Zuwendung gelitten hat, so sehr, dass er hätte wahnsinnig werden können oder depressiv oder sogar sterben. Martin hat sich „entschlossen", diesen Mangel über andere Menschen auszugleichen und den Vater und dessen Lieblosigkeit zu verdrängen. Martin jammert nicht, er beschwert sich nicht. Nur dieser eine kleine Satz, wenn wir auf den Vater zu sprechen kommen: „Er war nicht lieb zu mir, Dieter." Ich spreche ihn selten darauf an. Ich lasse die Verdrängung so weit wie sinnvoll und möglich zu.

Der Vater – ist es wichtig zu wissen, warum er Martin misshandelte? Für Martin wäre es eine Last, wenn er wüsste, dass er die Erwartungen nicht erfüllt hat, die ein Vater an den Sohn haben mag, dass die Mutter sich dem Vater Martin s wegen vielleicht verweigerte oder weil sie ihn beschützen wollte vor dem Vater und seiner Strenge. Es genügt doch, dass Martin den Schmerz fühlt und eine leise Ahnung des Ungeheuerlichen seine Seele wie ein Wind aus dem Eismeer durchhaucht.

Am nächsten Tag vor dem Mittagessen schaute er mich keck an und fragte: „Kennst du Trini Lopez, Dieter?“ Bevor ich Luft für eine Antwort holen konnte, legte die Zauberfee Miriam ihre feine kleine weiße Hand auf Martins Arm. „Welchen Sänger magst du denn sonst noch, Martin?“

Ein Wechsel des Ortes ist oft ein Wechsel des Schicksals. Und wenn wir zurückkehren, kehrt dann auch das Schicksal wieder um? Was bringt es, wenn es mir eine Woche gut geht und dann doch wieder mein altes Leben beginnt? Ja, auch wenn nur ein Zehntel vom „Gewinn“ dieser schönen Woche im Alltag übrig bleibt, ist dies ein kleiner Anfang von etwas, das wachsen mag.

Kartoffeln vor dem Fenster

Das Diensttelefon läutete. Ich nahm ab, obwohl ich keinen Bereitschaftsdienst hatte. Es meldet sich der Pförtner, mein Volleyballfreund Andreas. Ob ich nicht kommen könne, bat er mich. Eine aufgeregte Stationsärztin habe für eine Patientin, die im Sterben liege, nach einem Pfarrer gefragt. Da sich keiner der diensthabenden Pfarrer gemeldet hatte, wandte er sich an mich und fragte, ob er mich mit der Station verbinden solle.

Eine barsche Frauenstimme polterte durch die Leitung: „Das hat ja eine Ewigkeit gedauert! Sind Sie der diensthabende Pfarrer?“ – „Guten Morgen!“, antwortete ich und fügte hinzu, dass ich einer der Klinikseelsorger sei, aber eigentlich keinen Notdienst habe. Um was es denn ginge. Ich müsse sofort kommen, da läge seit zwei Stunden eine alte Frau im Sterben, die habe nach einem Pfarrer verlangt, der mit ihr bete oder so. „Frau Kollegin, was bitte schön heißt bei Ihnen ‚beten oder so'? Und sofort kommen kann ich nicht, denn ich rufe von Sindelfingen aus an; ich muss mich erst anziehen und dann die Zähne putzen und danach werde ich kommen. Vierzig Minuten wird es wohl dauern", fügte ich hinzu. „Das geht nicht!" Ich war verdutzt, warum mir ausgerechnet eine Ärztin das Zähneputzen verbieten wollte, und fragte nach, warum das nicht ginge. „Dann ist die alte Frau tot!", lautete ihre knappe Antwort. „Frau Kollegin, bitte schön, die alte Frau wird doch nicht sterben, wenn sie mich hat rufen lassen; sie wird warten, bis ich komme." Ich hörte ihr Schweigen, sah aber vor meinem inneren Auge, wie sie den Kopf schüttelte. „Ihr Wort in Gottes Ohr", höhnte sie schließlich. „In welches sonst jetzt?", antwortete ich.

Dem Tod entgegenzufahren, ist immer schwer. Im Krankenhaus auf der Station angekommen, empfing mich die Ärztin mit den Worten: „Da haben Sie aber Glück gehabt!" – „Wenn Sie damit zum Ausdruck bringen wollen, dass die alte Frau noch lebt, dann möchte ich Sie daran erinnern, dass ich Ihnen genau dies vor einer Stunde am Telefon zu vermitteln versucht habe. Und im Übrigen haben Sie bereits zum zweiten Mal vergessen, ‚Guten Morgen' zu sagen."

Sie starrte an mir vorbei und deutete mit dem Kinn in Richtung des Zimmers der Sterbenden. Nun wurde ich böse: „Was bilden Sie sich ein, so mit mir umzugehen? Ich bin zwar ‚nur' der Pfarrer, aber immerhin werde ich jetzt gebraucht und nicht Sie!" Sprach's, steckte mein Schild mit Namen und Titeln an mein Hemd und betrat das Zimmer.

Im Zimmer fand ich zwei Frauen vor, die eine stand weinend am Fenster, die andere lag reglos im Bett. Mutter und Tochter, wie sich schnell herausstellte. Ein Blick auf den Monitor offenbarte, dass die alte Frau nur noch ein Spinnwebfädchen vom Tod entfernt war. Mit halb geschlossenen Augen, die Hände auf dem Laken gefaltet, starrte sie in den beginnenden Morgen. Ich wandte mich an die Tochter und fragte, ob sie mich habe rufen lassen. Nein, die Mutter selbst habe es getan, vor einigen Stunden.

Im Bett regte sich die alte Frau. Sie öffnete die Augen ganz und ich blickte in ein wunderschönes altes Gesicht. „Ich habe Sie rufen lassen; ich möchte, dass Sie mit mir beten, das Vaterunser sprechen, mich segnen und mich umarmen, wie's unser Pfarrer getan hat, als mein Mann starb." Sie schaute in den Klinikpark. Ich las in den Augen von einer übergroßen Sehnsucht und wusste: Noch ist dieses Leben nicht vollendet.

Also betete ich: „Lieber Gott, wenn Frau D. heute sterben sollte, dann gib ihr einen Platz in deinem Garten. Du hast ja Platz genug. Mir scheint nämlich, dass Frau D. Gärten liebt, vielleicht einen eigenen hat, den sie lange nicht gesehen hat." Es folgten das Vaterunser, der Segen und eine behutsame Umarmung. Danach verabschiedete ich mich von der Tochter und mit einem sanften Händedruck auch von der Mutter. Kraftvoll erwiderte sie meinen Händedruck, ließ die Hand nicht los, als wolle sie sagen: Bleib noch ein Weilchen! Also setzte ich mich auf einen Stuhl neben ihrem Bett und genoss die kostbare Stille.

Unvermittelt sprach mich die alte Frau an: „Herr Doktor, würden Sie bitte das Kopfteil meines Bettes höher stellen?" Herr Doktor, fragte ich mich, woher weiß sie das? Denn wenn ich mich vorstelle, dann verzichte ich auf meine Titel und nenne nur meinen Vor- und Nachnamen. Offensichtlich hatte sie mein Ansteckschild gelesen. „Sie wollen besser aus dem Fenster in den Park schauen können?" Sie nickte eifrig, ich betätigte den Fußhebel und betrachtete dabei den Monitor: Herz und Lunge hatten sich kräftig erholt. Ich freute mich.

Nach einer Weile sprach sie mich erneut an: „Herr Pfarrer, können Sie bitte noch ein Gebet sprechen?" – „Frau D.", antwortete ich, „eigentlich habe ich schon alles gebetet, was es zu beten gibt. Die Menge macht's nämlich nicht. Was wünschen Sie sich denn, was ich beten soll?" – „Können Sie den lieben Gott nicht bitten, dass ich noch 14 Tage lebe? Ich würde so gerne noch einmal meinen eigenen Garten betrachten."

Bitten und beten gehören zusammen. Also begann ich erneut: „Lieber Gott, Frau D. wünscht sich so sehr, noch einmal ihren Garten zu sehen. Gib ihr bitte so viel Kraft, dass sie nicht nur am Leben bleibt, sondern im Leben."

„Jetzt geht es mir besser!", strahlte sie. „Das sehe ich", antwortete ich erfreut. Ich sah auch, dass sich die Instrumente gegen Normal einpendelten und dass Frau D. rote Wangen bekam. „Jetzt möchte ich frühstücken", meinte sie. „Frau D., Sie werden über eine Sonde ernährt und ein Tee steht auf Ihrem Nachttisch." – „Die Sonde kommt raus, mein Gebiss kommt rein und dann will ich Kaffee, ein Brötchen, Butter, Marmelade und ein Ei." – „Ich werde es veranlassen", versprach ich. Ich wollte eben das Zimmer verlassen, als mich die Tochter aufhielt. Sie tuschelte mit ihrer Mutter und bat mich dann, ich möge auch veranlassen, dass ein Krankenwagen ihre Mutter nach Hause brachte; sie könne auch daheim sterben, wenn es denn sein müsse.

Ein tragikomisches Zwischenspiel erwartete mich im Vorraum des Krankenzimmers. Ein Oberarzt, der mir wenig gewogen ist (es gibt wunderbare Ärzte, aber eben auch andere), empfing mich mit den Worten: „Aha, sie ist tot." Ich antwortete: „Das ist nun schon das dritte Mal heute, dass vergessen wird ‚Guten Morgen' zu sagen. Das müsst Ihr dringend üben: ‚Guten Morgen' sagen und ‚Guten Morgen' meinen. Sonst wird das hier nichts. Und ‚Aha' klingt nach einer schwedischen Popgruppe. Und tot ist Frau D. noch lange nicht. Sie ist munter und will frühstücken." Er schaute mich fassungslos an. Es entspann sich eine längere Diskussion darüber, ob ihr das Frühstück bekäme oder nicht. Noch heftiger fiel seine Reaktion auf die (legitime!) Bitte der Tochter aus, die Mutter mit nach Hause zu nehmen. Das könne zur Not auch der Richter entscheiden, erklärte ich ihm schließlich, denn es handele sich hier um ein Krankenhaus und nicht um ein Gefängnis. Später wurde kolportiert, ich hätte gesagt, dieses Krankenhaus sei ein Gefängnis.

14 Tage später telefonierte ich mit der Tochter. Der Mutter ging es gut, sie hatte bereits zweimal das Bett verlassen und vom Fenster aus in den Garten geschaut. Und weitere zwei Wochen rief mich die alte Frau selber an: Gut ginge es ihr und ob ich denn wüsste, was gestern für

ein Tag gewesen wäre. „Klar, gestern war Dienstag." – „Ja, das auch, aber was für ein Dienstag?" – „Ein wunderschöner, fast heißer Oktobertag", antworte ich. Und sie erwiderte: „Und ich war im Garten, habe die letzten Kartoffeln herausgeholt und Pellkartoffeln mit Schnittlauch und Quark für meine beiden Töchter, den Schwiegersohn und mein Enkelkind zubereitet. Ich wollte Sie ebenfalls einladen, aber ich konnte Sie nicht erreichen." – „Ich wäre gerne gekommen, nicht wegen Pellkartoffeln und Quark, Bratkartoffeln und Speck wären mir lieber." – „Bratkartoffeln hätten Sie auch bekommen!" – „Frau D., als ich damals an jenem ebenso schönen und warmen Augusttag ins Krankenhaus kam, da habe ich gar nicht gefragt, aus welchem Grund Sie ins Krankenhaus eingeliefert worden waren." – „Also, vor zwei Jahren ist mein Mann gestorben, an Krebs; vor drei Monaten ist meine Schwester gestorben, auch an Krebs. Und als mein Arzt sagte, ich hätte auch Krebs, da ging es mir so schlecht, dass ich ins Krankenhaus musste; ich dachte, ich müsste nun auch sterben." – „Frau D., Sie wären auch beinahe gestorben, und zwar an einem dreifachen Irrtum: Krebs führt erstens nicht automatisch zum Tode, zweitens sind unsere Ärztinnen und Ärzte sowie die Forschung vielen problematischen Krebsarten auf die Spur gekommen und drittens muss man nicht auch an Krebs sterben, nur weil zwei Verwandte, einer davon noch nicht einmal blutsverwandt, daran gestorben sind. Ihr Garten, die Kartoffeln vor dem Fenster, Ihre gesunde Neugier auf Ihr Zuhause sowie die Liebe Ihrer Kinder haben Sie dorthin gebracht, wohin Sie gehören: mitten ins Leben Ihrer Familie."

Glaube mag zwar Berge zu versetzen – beinahe zum Tod wie zum Neubeginn, aber was ein Mensch wirklich will, das führt ihn ins Leben, nicht seine Ängste, nicht seine Überzeugungen, nicht die Erwartungen der anderen. Mit einem Menschen herauszufinden, was er wirklich will, und ihm beim Tun zu helfen – das ist echte Zuwendung.

Rück-Sicht

Peter sagte, sie drehe ihm den Rücken zu, wenn sie in der Küche aufräume. Martina meinte, er sei derart empfindlich, dass er alles und jedes deute, was sie tue. Ich fragte, ob es einen anderen Mann gäbe. Sie verneinte. In ihren Augen las ich, dass sie log.

Stunden später rief sie an und bat um einen neuen Termin, möglichst schnell und vor allem ohne Peter. Ohne Umschweife berichtete sie von einem anderen Mann. Er wäre der Grund für ihre Zurückhaltung Peter gegenüber. Aus Rücksicht quasi, um ihn nicht noch mehr zu verletzen, habe sie „es" verschwiegen oder heruntergespielt, wenn Peter sie befrage und bedränge.

„Ich vermute, dass er es ahnt, wenn nicht sogar weiß. Und deshalb müssen Sie es ihm persönlich sagen. Nur die Wahrheit hilft." – „Ich werde ihn dann aber verletzen", meinte sie. „Das ist falsche Rücksicht!", erklärte ich ihr.

Was für ein gutes, was für ein wunderbares Paar, dachte ich, als sie zu mir kamen. Nach Jahren schöner Liebe, erfuhr ich, gäbe es nun eine Zeit der Distanz, vielleicht auch des Sich-fremd-Werdens. Im Mittelpunkt dieser Ehe stand ein Kind, ein Junge, der versorgt werden musste. Peter, ein Pädagoge, ist großem Stress ausgesetzt, Martina nicht übermäßig glücklich in einem kleinen Nebenjob.

Ich fragte Martina, was geschähe, wenn es den anderen nicht gäbe. Sie schwieg. Ich fragte Martina, was geschähe, wenn der andere sich von ihr abwende. Sie schwieg. Und ich dachte: Auf einmal bist du nun entzweit mit diesem Himmel, entzweit mit allen Dingen. Hart wie Eisen, kalt wie Packeis ist der Himmel über dir und hart sind die Blumen und Bäume, wie in Stein gehauen. Kein Blatt regt sich, keine Biene umtanzt die Blüten, die Vögel schweigen, nirgends ein Ort für dich. Plötzlich betrachtest du die Welt, als wäre sie gegen dich gemacht. „Wenn es den anderen nicht gäbe, dann gäbe es auch keine Liebe zu Peter. Es gibt keinen Weg zurück." – „Und dennoch nehmen Sie Rücksicht auf Peter?" Sie schwieg ein drittes Mal.

Ich weiß um die Wege zurück in eine gesunde Partnerschaft. Ein erster Schritt kann darin bestehen, sich eine eigene kleine Welt aufzubauen, die den anderen nicht ausschließt (man könnte ihm davon erzählen). Ein zweiter Schritt kann sein, den anderen dort abzuholen, wo er sich gerade befindet (und nicht dort, wo man ihn haben will). Die Partner können die Liebe als einen Ort der Freiheit kennen lernen (freilich nicht der sexuellen Freizügigkeit). Man kann sich bemühen, den „Hunger" des anderen zu erkunden und ihn zu stillen – auch sexuell (denn körperliche Nähe und lustvolle Zuwendung ist ein Grundbedürfnis beider). Als weiterer Schritt können beide ihr Rollen wechseln lernen: von der Partnerin zur Freundin, zum Propheten, zur Spielkameradin, zum

Therapeuten, zur Mutter, zum Chef, zum Kind (alles freilich nur für eine kleine Zeit). Oder die Partner gebären Wünsche beim anderen und bei sich selbst, Wünsche über Geld und Zinsen hinaus. Oder Mann und Frau gehen an den Anfang ihrer Beziehung zurück, an die Orte, wo sie sich kennen und lieben gelernt haben.

Schwierig wird es, wenn ein anderer da ist, der nicht wartet, sondern aktiv seine Position ausbaut. Es ist so leicht für den neuen Mann in Martinas Leben, denn er weiß ja aus ihren Erzählungen, was sie von einem Partner erwartet und was er dringend vermeiden muss, wenn er das gewonnene Terrain nicht verlieren will. Zudem ist er jünger und voller Kraft. Er muss nicht wie Peter mit gestörten und verstörten Jugendlichen in sozialen Brennpunkten arbeiten, er muss sich nicht mit Gewalt befassen. Er muss sich nicht mit dem Alltag einer Ehe auseinandersetzen, sondern für ihn bleibt nur der wortlose und friedliche Obstgarten. Und dort lässt er oft Regen und Sonne die Gärtner sein.

Martina entschloss sich schließlich, Peter von dem anderen Mann zu erzählen. Peter bat daraufhin um einen Termin bei mir und wollte wissen, was er tun solle, um seine Frau wiederzugewinnen. Ich erklärte, dass ich mir nicht sicher war, ob Martina überhaupt eine Veränderung wahrnehmen oder zum Anlass einer Rückkehr nehmen würde. Eher zaudernd antwortete ich deshalb: „Verändere dein Leben, reduziere den Stress, achte mehr auf dich und deine Gesundheit, bau die Beziehung zu deinem Sohn aus. Dies alles aber nicht, um Martina zu beeindrucken, sondern weil es dir gut tut und hilft.“ – „Wird sie dann bleiben?“ – „Ich glaube es nicht. Lass sie gehen. Zwing sie nicht, falsche Rücksicht zu nehmen, zu lügen und zu tricksen. Sie hat sich in den Kopf gesetzt, den Versuch mit dem anderen zu machen. Ob dies von Erfolg gekrönt ist, steht in den Sternen. Ich würde warten und das Band zwischen euch nicht zerreißen. Immerhin gab es eine Liebe zwischen euch vor dem anderen; eine solche Liebe kann sich nicht in Luft auflösen. Ich hoffe nur, dass Martina dann die Größe hat zurückzukommen, falls sie sich geirrt hat."

Peter nickte. Das wäre wahrlich ein Weg – und er machte dennoch in den nächsten Tagen fast alles falsch: Er stellte Martina in der Öffentlichkeit bloß, kontrollierte sie, setzte den gemeinsamen Sohn als Druckmittel ein, wurde krank und versuchte auch die Krankheit als Druckmittel einzusetzen, machte finanziellen Druck. Falsch, falsch, falsch!

„Erinnerst du dich noch daran, dass du mir von der Situation in der Küche erzählt hast, als sie dir den Rücken zuwandte?", fragte ich ihn bei einem weiteren Gespräch. „Das kann so gedeutet werden, dass Martina sich von dir abwendet. Aber es war auch Rücksicht in einem anderen Sinne: Sie wollte dir den Schmerz der Wahrheit ersparen. Auch das ist falsch. Denn nur die Wahrheit hilft und kann auf Dauer Wunden heilen. Die Wahrheit ist, dass Martina zur Zeit und wohl auch in absehbarer Zeit mit dir das nicht erleben kann oder nicht daran glaubt. Nimm darauf Rücksicht! Und tritt aus dem Schatten deiner Angst in das Reich des Lichtes und sprich in Ruhe die Wahrheit aus, die da lautet, du könntest ohne Martina nicht leben. Lerne für dich zu leben, damit du ein anderer bist, falls sie zurückkommt. Vielleicht willst du es dann gar nicht mehr, weil du dann ein neues Glück gefunden hast."

„Sag, was du zu sagen hast", heißt es bei T.S. Elliot. Wem es gelingt, in würdigen, respektvollen Worten zu sagen, was ihn ängstigt, der holt sich selbst aus dem Schattenreich von Angst und Gewalt. Wer daran glaubt, dass aus einem liebevollen Wort ein ganzer liebevoller Satz als Antwort kommt, der macht die beglückende Erfahrung, wie aus wenigem viel wird.

Die zehn Schritte der Bärin

Als Kind nahm mich mein Vater einmal mit in die Psychiatrie nach Düsseldorf-Grafenberg, um seinen Bruder Richard in der „Irrenanstalt", wie er zu sagen pflegte, zu besuchen. Angesichts dieser so andersartigen Menschen, manche mit einem ledernen Sturzhelm, andere, die eine Puppe trugen oder einen imaginären Wagen hinter sich herzogen, war ich voller Angst und nur die feste Hand meines Vaters hinderte mich daran wegzulaufen.

Wie mochte Onkel Richard aussehen, den ich sanft und freundlich in Erinnerung hatte? Zu meiner großen Freude, Erleichterung und Genugtuung stand er lächelnd vor mir. Was mein Vater und mein Onkel besprachen, weiß ich nicht mehr. Jedenfalls besuchten wir danach Tante Meta, Onkel Richards Frau. Sie erkannte ich nicht wieder: laut, schrill geifernd. Mir schien, sie gehörte nach Grafenberg in die Psychiatrie und nicht der sanftmütige Onkel Richard. Und wirklich: Es stellte sich heraus, dass Tante Meta die Ärzte hat bewegen können, ihren Mann fortzusperren, wo sie doch selber der Hilfe bedürftig gewesen wäre. Das habe ich nicht vergessen.

Der Mann der Bärin hat wieder und wieder versucht, mich davon zu überzeugen, dass die Bärin hinter Gitter, in eine Psychiatrie, gehört. Es war das Drama von Onkel Richard und Tante Meta, das mich davon abhielt, Schritte in dieser Richtung zu unternehmen. Vor allem aber war es die Bärin selbst, die sich klug und charmant, selbstkritisch und offen präsentierte. Meine Zweifel wuchsen, als auch die Tochter der Bärin anrief und mich bedrängte, die Mutter endlich wegzusperren.

Es steht außer Zweifel, dass die Bärin ihren Mann hysterisch attackierte, ihn auch körperlich angriff. Was aber bewog diese Person, die sich in vielen anderen Situationen einfühlsam, ästhetisch und mit Contenance zeigte, dazu, so außer sich zu sein? Erst dachte ich, es wäre der Krebs, der bei ihr diagnostiziert wurde, oder der schwere Unfall, in den sie verwickelt war, als sie die Nachricht erhielt, dass unbedingt ein operativer Eingriff an der Brust nötig sei. Aber warum gab es dann in anderen Situationen diese Ruhe und diesen Charme? Wie bemüht war sie um die Eltern ihres Mannes, wie wunderbar gestaltete sie die Hochzeit der eigenen Tochter.

Nicht nur Bärinnen werden aggressiv, wenn ihr Hunger nicht gestillt wird, wenn sie viel zu lange hungern und dürsten müssen. Und es gibt nicht nur den Hunger nach Fleisch, nach Brot und Wein, sondern jeder Mensch hat seinen Hunger: den nach Nähe, nach Geborgenheit, nach Beständigkeit, nach Zärtlichkeit, nach Liebe.

In Wahrheit wäre die Bärin beinahe vor Hunger nach Liebe mitten im Leben gestorben. Ich will erzählen, wie sie ihr Leben rettete, obwohl der Mann sich von ihr getrennt hat, was das Werden der Bärin letztlich zum

Guten wenden wird. Von den zehn Schritten der Bärin werde ich berichten.

Wie jedem anderen Menschen, der mich aufsucht, weil er aus welchen Gründen auch immer die innere Mitte verloren hat, stellte ich ihr zu Beginn die Frage: Was wünschen Sie sich – und was tun Sie, um das Gewünschte zu erreichen? Sie musste sich im ersten Schritt entscheiden, was sie sich wünscht. Bei materiellen Dingen ist das ziemlich einfach, nicht aber, wenn es um Beziehungen geht. Sollte sich die Bärin wünschen, dass der Mann zurückkommt oder dass er verändert zurückkommt? Sie entschied sich, dass er zurückkommen dürfe, wenn er sein Verhalten ihr gegenüber verändere: Freundlichkeit, Berührungen und Anerkennung wünschte sie sich; auf Zynismus, Spott und Kritik, dass sie zu viel Geld ausgebe (ihr Geld!), konnte und wollte sie verzichten. Die Bärin hat nicht ihrem ersten Hunger nachgegeben, die Leere des Hauses mit dem „alten" Mann bedingungslos aufzufüllen. Sie hat eine Bedingung gestellt. Bedingungslose Liebe führt zum Tode mitten im Leben und manchmal sogar zum biologischen Ende durch Totschlag oder Suizid. In diesem ersten Schritt kommt es noch nicht darauf an, darüber nachzudenken, wie man das Gewünschte erreichen kann, sondern den Mut zu haben, eine Entscheidung zu treffen. Die Umsetzung ergibt sich dann später oft wie von allein.

Im zweiten Schritt ermutigte ich die Bärin, über die von ihr getroffene Entscheidung Gespräche mit sich selbst zu führen, laut und wie auf einer Bühne, aber ohne negative Worte wie „nicht" oder „niemals". Sie, die die Liebe entbehrt hatte wie kaum eine andere und daran zweifelte, überhaupt liebenswert zu sein, musste lernen, laut auszusprechen: „Ich bin es wert, geliebt zu werden."

Im dritten Schritt musste die Bärin lernen, dass sie etwas Besonderes und Einzigartiges vermag. Der Gedanke „ich kann nichts und ich bin nichts" ist töricht und selbstzerstörerisch. Einmal, als sie im Garten den Tisch gedeckt hatte, überboten sich die Gäste in Ausdrücken der Bewunderung und Entzückung über eine wunderschön gestaltete Tischdekoration. Alle waren der Meinung, jemand, der so etwas kann, sei begnadet. Die Bärin strahlte.

Als ich ihr sagte, diese ästhetischen Fähigkeiten könne sie doch auch in einem Altersheim anbieten oder bei einem Kindergeburtstag in der Kinderkrebsklinik, war plötzlich der vierte Schritt erreicht. Die Bärin erinnerte sich nämlich an eine Frau, die freiwillig in einer Klinik arbeitete. Nun bilden diese beiden Frauen eine Art „Dreamteam". Sie treffen sich, tauschen Ideen aus, ergänzen sich, trösten sich gegenseitig (denn auch die andere hat einen Mann verloren).

Im fünften Schritt lernte sie, ihre Wünsche zu visualisieren und sich vorzustellen, wie sie – gut! – ohne ihren Mann auskommt, auch finanziell, wie sie zufällige Begegnungen mit ihm etwa auf dem Golfplatz gestaltet oder geplante Treffen mit ihm, wenn es um die Tochter oder das Enkelkind geht. Wie in einem Film musste sie diese Situationen vorher zur Vorbereitung für sich durchspielen. Sonst wäre nämlich die Gefahr groß, sich provozieren zu lassen und dann in alte Muster zurückzufallen. Zu diesem Schritt gehörte auch, sich vorzustellen, mit einem anderen Mann zusammen zu sein, mit ihm in einem schicken Auto zu verreisen und auch ihn zu lieben. Hier tat sich die Bärin schwer, denn angesichts ihrer „reduzierten" Weiblichkeit (sie meinte ihre operierte Brust) konnte sie sich kaum einen Mann vorstellen, der sie noch attraktiv fände.

Also musste sie lernen – der sechste Schritt –, Sätze zu üben, die mit „ich bin" beginnen und dann positiv fortzufahren: „Ich bin in meinem blauen Kostüm attraktiv und erotisch." Der Satz musste also in der Gegenwartsform formuliert werden, kurz und konkret sein.

Und im siebten Schritt musste sie das in die Tat umsetzen. Sie sollte sich auf die Suche nach einem solchen Mann machen, sollte offen sein für Männer, die ihr begegnen, auch auf das Risiko hin, dass sie vielleicht anfangs scheitert, also wissend, dass sie nicht alles haben kann, was sie begehrt. Sie muss etwas riskieren; tut sie es nicht, riskiert sie alles. Sie musste den Mut aufbringen nach einem nächsten Treffen zu fragen, auch auf die Gefahr hin, abgewiesen zu werden. Diese Gefahr ist gering, denn über 80 Prozent unserer Befürchtungen treten nicht ein.

Das folgende Zitat stammt von Martin Luther King: „Take the first step in faith. You don't have to see the whole staircase. Just take the first step." (Beginne den ersten Schritt vertrauensvoll. Du musst nicht die ganze Treppe betrachten. Nimm einfach die erste Stufe). Als Thomas Edison es schaffte, die von ihm erdachte Glühbirne zum Leuchten zu bringen, hatte er zuvor mehr als zweitausend Versuche hinter sich gebracht. Hätte er gewusst, dass er diese Menge an Versuchen braucht, er hätte womöglich gar nicht begonnen. Immer nur die nächste Aufgabe zu sehen, darin bestand der achte Schritt für die Bärin.

Also geht es darum – und dies ist bereits der neunte Schritt –, nicht aufzugeben und letztlich – als Schritt 10 – jeden erfolgreichen Schritt zu feiern und sich darüber zu freuen. Das schließt ein, sich eine Belohnung zu gönnen (etwas Schönes zu kaufen, sich eine Pause mit dem Lauschen geliebter Musik zu gönnen, sich massieren zu lassen, ins Kino, Konzert oder Theater zu gehen), ohne dies vorher geplant zu haben.

So wurde und wird aus der kleinen Bärin eine große Bärin, die in dem Wissen lebt, dass sie zwar weglaufen, sich aber nicht verstecken kann, dass nichts von Dauer ist, wohl aber kleine Glückszeiten möglich sind, dass die Welt oft nicht gerecht ist und dass es keine Entschädigung für Unglück gibt, wohl aber die Hoffnung, dass es weitergeht, wenn ich etwas riskiere und nicht aufgebe!

Zehn Etappen – wie soll ich das nur bewältigen? Es ist ganz natürlich, dass Menschen so fragen, wenn sie vor einer großen Aufgabe stehen, und besonders schwer wiegt die Frage, wenn das Zutrauen zu sich selbst und in die eigenen Fähigkeiten gering ist. Aber nicht weil etwas so schwer ist, versuchen wir es nicht, sondern weil wir es nicht versuchen, ist es so schwer. Heute den ersten Schritt tun, das ist genug; jeder Weg beginnt mit einem ersten Schritt.

Was es zu sein scheint, ist es oft nicht

Zwei Engel, müde von dem vielen Guten, was es tagsüber und überall zu tun gibt, erreichten am Ende eines Tages einen riesigen Bauernhof. Vieh in Hülle und Fülle stand auf den Feldern, ein dicker Bauer und eine dralle Bäuerin lehnten selbstzufrieden am Eingangstor. Die beiden Engel näherten sich ihnen in Menschengestalt und baten um ein Quartier für die Nacht und eine bescheidene Mahlzeit.

„Tagediebe seid ihr, Betrüger, Diebe, schert Euch sofort vom Hof!", schrie der Bauer. „Sei leise, die Nachbarn hören uns", meinte die Bäuerin. „Wir geben den beiden Strolchen das fensterlose, kahle Zimmer im Keller, das mit der winzigen Luke oben in der Wand, stellen ein wenig Brot und Wasser hin und bis zum Morgen schließen wir die Tür ab."

So geschah es. Mitten in der Nacht erwachte einer der beiden Engel und sah, wie sein Gefährte kraft seiner himmlischen Kräfte ein Loch im Fußboden zuzementiert. „Warum reparierst du den Fußboden für diese gemeinen Leute? Meinethalben hätten die sich die Knochen in dem finsteren Raum brechen sollen, wenn sie in das Loch hineintreten!" – „Das, was es zu sein scheint, ist es oft nicht", antwortete der zweite Engel lächelnd.

In der nächsten Nacht waren sie Gäste in einer kleinen Kate. Eine freundliche Bäuerin und ein ebenso freundlicher Bauer teilten eine kärgliche Mahlzeit mit den beiden Engeln und aus Stroh und Laken bereiteten sie ihnen ein Lager in der Stube. Am frühen Morgen, als die beiden Engel eben die gastfreundliche Stätte verlassen wollten, sah der eine Engel die Bäuerin hemmungslos weinend in den Armen ihres Mannes und auf dem Boden lag eine der beiden Kühe – tot!

„Konntest du das nicht verhindern?", fragte der erste seinen Gefährten. „Sie sind doch so gut zu uns gewesen." – „Das konnte ich nicht, denn in der Nacht kam unser Bruder, der Todesengel, und wollte die Frau holen. Du weißt: Er kommt nicht vergebens. Ich berichtete von der Güte dieses Paares. Da hat er sich die Kuh geholt. Das, was es zu sein scheint, ist es oft nicht." – „Und gestern?" – „Gestern habe ich in der Nacht ob dieser hartherzigen Menschen ebenfalls nicht schlafen können. Da kroch ein Strahl des Mondlichts durch die schmale Luke oben in der Wand, fiel auf den Fußboden und für einen kleinen Moment strahlte der Raum hell. Flugs erweiterte ich das Loch im Fußboden mit den Händen – und siehe da: Ein riesiger Goldschatz kam zum Vorschein. Diesen Reichtum habe ich diesen bösen Menschen nicht gegönnt. Also habe ich das Loch mit Zement und Wasser gefüllt und den Boden geglättet."

Das, was es zu sein scheint, ist es oft nicht. Ein Goldschatz wiegt oft zu schwer zum Tragen und ein Unglück kann ein verkleideter Segen sein. Genaues Hinsehen lohnt sich in jedem Fall.

Das Geld auf der Straße

Man sagt mir nach, ich sei eher ein philosophisch und analytisch denkender Mensch, der Plattitüden vermeidet oder sogar verabscheut. Wollte man mir prophezeien, ich würde einmal den tumben Satz „Das Geld liegt auf der Straße“ verwenden – ich würde darüber nur lachen. Und doch kam es so.

Sie, Sportlehrerin, 50 Jahre alt, wahrlich jünger aussehend und durchaus attraktiv, bat mich um Rat, wie sie dem Mobbing in der Schule entgehen könnte. Im Kollegium war bekannt, dass sie drei Kinder von drei verschiedenen Männern hat, was einige der männlichen Kollegen zu der irrigen Annahme brachte, sie wäre sexuell wohl ziemlich „offenherzig“. Sie blockierte plumpe oder geschickt eingefädelte Annäherungsversuche ab, denn sie wollte nicht wieder in die Falle des Wiederholungszwanges tappen. Die Folge: Sie wird gemobbt – schlechter Stundenplan, viele Vertretungsstunden, Anzüglichkeiten, fiese und obszöne Zettel in ihrem Fach.

„Was soll ich nur machen?“, fragte sie mich, während wir spazieren gingen. „Sie haben mir gesagt, dass Sie auch Physiotherapeutin sind. Machen Sie doch eine eigene Praxis auf!“ – „Das ist leicht gesagt, aber schwer zu realisieren. Dazu bräuchte ich Geld. Geld aber habe ich keines. Und Geld liegt nicht auf der Straße, wie Sie selbst wissen.“

Und nun meine Antwort. Auf den Mund hätte ich mir schlagen können, weil sie so banal war: „Doch, Geld liegt auf der Straße!“ – „Herr Dr. Strecker, nun bin ich aber enttäuscht, dass Sie sich auf dieses Niveau begeben!“ Ich wollte mich gerade für meine Aussage entschuldigen, da sah ich in einiger Entfernung vor uns auf dem Feldweg etwas liegen. Wir kamen näher, ich bückte mich und wahrhaftig: Dort mitten auf der Straße lag eine Geldbörse. Ich hob sie auf, öffnete sie und ein erheblicher Geldbetrag lächelte mir entgegen.

Nein, ich hatte sie dort nicht platziert (ich wusste ja auch nicht, in welche Richtung unser Gespräch führt). Ja, es war ein Zufall, wirklich einer im wörtlichen Sinne, dass einem etwas zur rechten Zeit zu-fällt. Eine Erklärung für dieses Ereignis im rationalen Sinne habe ich nicht. Vieles im Leben ist nicht erklärbar oder erst im Nachhinein. Ich weiß nur, dass die Frau spontan erklärte, sie betrachte dieses Ereignis als einen Wink Gottes, die Schule und die mobbenden sexistischen Männer zu verlassen, um eine Praxis aufzumachen. Vom Finderlohn hat sie sich eine gebrauchte Behandlungsliege gekauft.

Ein Jahr später kam eine weitere Lehrerin zu mir, die auch um die 50 Jahre alt war, drei Kinder von drei verschiedenen Männern hatte und sich von einigen männlichen Kollegen stark bedrängt fühlte. Zufall? Und was sollte damit wohl mir zu-fallen?

Nein, das Geld liegt in der Regel nicht auf der Straße. Aber zur rechten Zeit, wenn es nicht nach unseren Regeln geht, dann liegt manchmal das Geld doch zufällig auf der Straße. Der Zufall ist oft das, was uns zur rechten Zeit zufällt, weil wir unsere Sinne auf das konzentrieren, was wir wirklich brauchen.

Das Lateinbuch

In der 4. Grundschulklasse galt ich als sonderschulreif (damals hieß es natürlich „Hilfsschule“ und diese war sozusagen die Eintrittskarte für eine Existenz auf dem sozialen Niveau eines Hilfsarbeiters). Aber es ist die Wahrheit. Und so kam mein Leben auf ein höheres Niveau.

Zunächst einmal erklärte mein Vater meiner damaligen Lehrerin, einem ehrwürdigen Fräulein von vierundsechzig Jahren namens Berger, er wolle mich auf das Gymnasium schicken. Sie schlug daraufhin voller Entsetzen die Hände über ihrem Dutt zusammen und sagte: „Herr Strecker, dat jeht nich (das geht nicht)! Schauen Sie sich doch mal das letzte Diktat ihres Jungen an, dreimal geübt, von 98 Wörtern hat Ihr Sohn 36 falsch geschrieben! Bei dreimaligem Üben! Und den wollen Sie auf das Gymnasium schicken?"

Mein Vater soll damals geantwortet haben, es sei eine geniale Leistung von mir, in einem dreimal geübten Diktat 36 Wörter zu *verändern.* Vielleicht ahnte er damals schon, dass Kreativität ebenfalls zur Bildung gehört.

Wie dem auch sei: Ich kam in die Sexta des humanistischen Comenius-Gymnasiums in Düsseldorf – und blieb prompt im ersten Schuljahr sitzen. Ich hätte wohl auch die Wiederholung dieser Sexta nicht geschafft, wenn nicht Folgendes passiert wäre: Wir hatten einen überaus strengen Lateinlehrer, Dr. Peters. Wer bei ihm entweder das Lateinbuch oder die Hausaufgaben vergessen hatte, der wurde doppelt bestraft. Der Betreffende musste nach vorne kommen, die linke Hand ausstrecken (weil nachher mit der rechten weitergeschrieben wurde) und bekam dann mit dem Holzlineal einen Schlag über die Knöchel gedonnert, dass es krachte. Diese Prozedur hätte ich locker über mich ergehen lassen, denn ich war durch die viele Prügel meiner Mutter schmerzerprobt.

Aber der zweite Teil! In die Ecke mit dem Gesicht zur Wand bis zum Ende der Stunde hätte ich reglos stehen müssen. Das wäre mir nicht möglich gewesen; meine Füße hätten gezuckt und aufs Klo hätte ich garantiert gemusst, aber eben nicht gedurft; dem Druck der Blase nicht standhaltend, hätte ich garantiert getröpfelt. Wenn ich mich dann am Ende der Stunde umdrehen hätte müssen, dann hätten alle meine nasse Hose gesehen und gelacht und bis in alle Ewigkeiten gespottet: Der Dieter, unser Sitzenbleiber, ist ein Hosenpisser!

Nein, das durfte mir nicht passieren. Ich hatte immer die Hausaufgaben dabei und immer das Lateinbuch. Aber einmal eben nicht, als meine Mutter die Schutzumschläge der Bücher mit Prilwasser reinigte, und den Schutzumschlag des Lateinbuches um das Mathematikbuch und umgekehrt tat. An jenem ominösen Tag hatten wir keine Mathematik, wohl aber Latein.

„Bücher raus!", befahl Dr. Peters. Ich saß in der ersten Reihe (dort saßen die Aufmüpfigen, die schwer Kontrollierbaren, die Versager oder die Sitzenbleiber). Herr Dr. Peters bemerkte es schneller als ich, der fassungslos Zahlen und Formeln angaffte, den Ranzen durchstöberte und danach fast in Ohnmacht fiel. „Das Lateinbuch, Strecker, nicht das Mathematikbuch, kein Wunder!" Diese beiden letzten Wörter! Bezeichnen sie nicht in schlichter Klarheit, wer ich in seinen Augen war: ein Trottel, ein Dummer, ein Träumer und Versager. Ich kann mich auch noch daran erinnern, dass in mir in just dieser Situation der Gedanke aufblitzte, mich umzubringen, um der Schande einer am Ende der Stunde durchnässten Hose zu entgehen. Aus dem Fenster in den Tod wollte ich mich stürzen, aber das wäre nur peinlich gewesen, denn das Fenster war geschlossen und das Klassenzimmer lag im Parterre.

Dr. Peters, das Lineal bereits in der Hand, zitierte mich nach vorne. Da hörte ich mich sagen: „Herr Dr. Peters, ich brauche das Lateinbuch nicht." – „Wie bitte, du brauchst das Lateinbuch nicht?" In der Klasse wurde es mucksmäuschenstill, weil wohl alle dachten: Jetzt ist der Strecker total verrückt geworden! Da mein Leben sowieso verwirkt war, erklärte ich zaghaft. „Ich kann die Seite auswendig, Herr Dr. Peters." – „Du kannst die Seite auswendig? Wie gut, dass wir hier eine Tafel haben. Komm nach vorne und schreib die Seite an die Tafel!"

Die dreieinhalb Meter waren wohl der erste Marathon in meinem Leben. Ich war klatschnass geschwitzt, als ich die Tafel erreichte, atmete tief durch, schloss die Augen, öffnete sie und schrieb tatsächlich die Seite fehlerfrei hin. Das heißt, nicht ganz. Einen Fehler machte ich: agricolae, den Genitiv und Dativ von agricola, schrieb ich am Schluss mit „ea" – aber so stand es im Buch, ein Druckfehler.

„Dieter, schreib doch bitte einmal die letzten drei Zeilen der vorherigen Seite hin", bat Dr. Peters. „Dieter" hatte er gesagt und „bitte" hatte er gesagt, zu mir, dem Sitzenbleiber und Versager. Ich hatte meinen Namen zurück, war nicht mehr der „Heh" oder „Strecker". Auch diese drei Zeilen konnte ich fehlerfrei schreiben. Ein Licht in meinem Leben begann zu leuchten. Ich hatte zuvor nicht gewusst, dass ich das kann, wüsste es vielleicht heute noch nicht. Diese Fähigkeit habe ich nicht verloren. Ich kann heute noch wichtige Texte oder Passagen zitieren oder weiß, wo sie stehen. Damit meine ich nicht, dass ich ein Genie bin. Die Liste der Fähigkeiten, die ich nicht besitze, ist wesentlich länger (einen Ikea-Schrank aufzubauen beispielsweise oder die Betriebsanleitung einer Digitalkamera zu verstehen, ist mir unmöglich). Aber das eine kann ich. Es gibt mir Sicherheit und Vertrauen in mich selbst.

Ich bin überzeugt, dass jede Frau und jeder Mann mindestens eine solche Fähigkeit hat, die sie/er vielleicht gar nicht kennt. „So etwas Tolles werde ich nie können; das Einzige, was ich wirklich ganz gut kann, ist, einen Apfel-Käse-Streuselkuchen zu backen.", sagte eine alte Frau. „Darum sind Sie wirklich zu beneiden", sprach eine andere.

Jeder Mensch ist einzigartig und jeder Mensch kann etwas, was andere weniger gut können, oder er tut es auf seine ganz eigene Weise. Sich auf diese Einzigartigkeit zu besinnen, macht stolz und zufrieden. So wird es hell im Leben.

Felicitas und der Bauchschmerz

Felicitas ist eine würdige, gebildete alte Dame mit zwei großen Problemen: Sie kann seit ein paar Jahren nur noch schemenhaft sehen und fast gleichzeitig mit diesem Übel begann ein heftiger Bauchschmerz sie zu quälen. Sie befindet sich in den Fängen von Schmerz und Angst und befürchtet, dass diese bösen Begleiter ihr ganzes Leben bei ihr bleiben werden. Beim Gedanken daran zittern ihre Hände.

Neurologisch ist alles abgeklärt. Man findet, rein

physiologisch gesehen, keinen Grund für die Bauchschmerzen und die peinvollen Krämpfe. Aber es muss einen Grund geben, also suchen meine Frau und ich in den Sprechstunden danach. Denn manchmal löst sich eine Qual auf, wenn man die Ursache beim Namen nennt.

Werner, ihr Mann, bringt sie zweimal in der Woche zu uns. Er lässt uns auf ihren Wunsch allein mit ihr. Werner ist besorgt, tut für sie, was er kann – auch seine Kräfte lassen nach –, und auch er ist verzweifelt. Als Techniker betrachtet er die psychiatrische Schulmedizin mit Skepsis. Er schimpft, dass man seine Frau in der Klinik mit psychisch erkrankten Menschen zusammenbrachte, sich aber 14 Tage lang nicht wirklich um die gekümmert habe. Nur eine erhöhte Dosis Tavor hatte sie bekommen. Nun hoffe er auf uns. Aber seine Stimme ist bar jeder Hoffnung.

Wir bringen Felicitas zum Lächeln und zum Lachen, wissend, dass dies Menschen für eine kleine Zeit aus der Verkrampfung befreit. Und so beginnt sie zu erzählen, berichtet aus ihrem Leben, spricht von Härten in der Vergangenheit und dem Mangel an Liebe.

Wenn der Hunger nach Liebe nicht gestillt wird, dann meldet sich irgendwann der Körper und schmerzt. Das Vergangene können wir nicht mehr ändern. Meist heilt das Alte weder das Alte noch das Neue. Aber gegen Schmerzen gibt es fast immer ein Mittel. Meine Frau beginnt, ihr das Atmen im Bauch zu vermitteln, und lehrt sie, wie man sich dadurch entspannt. Es tritt eine leichte Besserung ein, die sich durch sanfte Massagen des Bauches und der Kopfes verstärkt. Felicitas genießt diese liebevolle Zuwendung sichtlich. Hin und wieder gibt es Rückfälle, die Felicitas zur Krücke des Tavor greifen lässt, aber dennoch kann der Neurologe die Dosis reduzieren und nach einem alternativen Medikament suchen.

Zur Liebe gibt es keine Alternative. Selbst ein Mangel an Zuwendung in jungen Jahren kann durch konstante körperliche Zuwendung zu einem erheblichen Teil kompensiert werden. Vor allem dürfen alte Menschen keinen unerträglichen Schmerz erleiden. Liebevolle Gespräche helfen, Berührungen und sichtbare Solidarität.

Ich bin sicher, hinter den Problemen von Felicitas steht eine Angst. Angst und die Erinnerung an einen Mangel an Liebe produzieren Schmerzen. Ich könnte die Ursache der Schmerzen beim Namen nennen; ich höre aus Felicitas' Worten die Gründe heraus. Aber das kann ich Felicitas und ihrem Mann nicht zumuten. So muss die Erleichterung darin bestehen, die Schmerzen zu reduzieren – durch Medikamente, durch Ablenkung, durch Gespräche, durch Nähe.

Alle Menschen haben Hunger, Hunger nach Brot und Wein und Hunger nach Nähe, Beständigkeit und nach Liebe. Wenn dieser Hunger nicht gestillt wird, entsteht neuer Hunger: Hunger nach Schmerz oder Hunger nach dem Tod. Manchmal kann man den Hunger nach Liebe nicht vollständig stillen. Aber eine kleine „Mahlzeit" an Zuwendung lässt den Hunger nach Negativem klein bleiben.

Will-i?

Nein, das ist kein Schreibfehler, es ist Absicht. Sein Vorname ist Willi. Ich habe mir diese Veränderung erlaubt, um deutlich zu machen, dass Namen manchmal nicht nur Schall und Rauch sind.

Willi ist Schwabe und der schwäbische Dialekt verkürzt das „Ich“ zu einem „I“. Seit mehr als 15 Monaten liegt er in demselben Zimmer, mal allein, mal Atem an Atem mit einem anderen Patienten, unterbrochen nur von jener einen Woche auf der Intensivstation. Will er noch, frage ich mich seit Wochen. Ausgedörrt von Krankheit und Warten, seine Träume längst von der Säure der Verzweiflung zerfressen, liegt er und schweigt. Das Sprechen hat er verlernt.

Wieder und wieder bin ich in dein armseliges Reich gekommen wie einer, der in der Wüste säen und ernten will. Ödland traf ich überall, ein paar trockene Dornen, ganz selten eine Blume. Wie habe ich darauf gewartet, dass du mich willkommen heißt. Lernen habe ich müssen, dass dein Schweigen eine Sprache ist und deine Tränen eine liebliche Melodie.

Mit dir im Bett liegt seit Jahr und Tag unverhüllt der Tod. Am Mittwoch, als wir gemeinsam im Kino waren, schien mir Gevatter Tod in dieser Zeit dein Krankenhausbett verlassen zu haben. Sag mir bitte, dass ich mich nicht irre, dass du ihn für eine lange Zeit hinter dir gelassen hast und vor dir das Leben liegt wie eine blühende Landschaft.

Die Leber ist zerstört. Die Chance, dies zu überleben, ist gleich null. Medizinisch hält dich nur eine Höchstdosis Cortison am Leben. Aber Cortison verlängert dein

Leben nicht wirklich. Eine kleine Mauer ist es, ein kleiner Deich, ein winziger, zerbrechlicher Schild. Du wusstest es, als im Spiegel dein aufgedunsenes Gesicht dir die Wahrheit sagte. Auch mit Cortison wirst du sterben. Die Menge zu senken und es durch ein anderes Medikament zu ersetzen, ist die einzige Chance. Nur dass noch niemand diese Therapie überlebt hat. Niemand habe es bisher geschafft, von 60 Einheiten auf 25 runterzukommen oder gar noch tiefer, erklärte man mir, damit sich das andere neue Medikament vertrüge mit dem Cortison und mit dir.

Aber du hast es geschafft, obwohl du nicht mehr jung und kräftig bist. Wir haben dich nicht alleingelassen. Das war wohl die entscheidende Hilfe, auch wenn es manchmal nur Minuten waren, die du mich ertragen konntest. Allein mit sich ist man in schlechter Gesellschaft. Hier stimmt der Satz allemal.

In London hast du gearbeitet, deine Heimat war es. Deine alte, kranke, gehbehinderte Mutter – du liebtest sie aus der Ferne, du in deinem geliebten London. Deine Mutter – Gram und Schuldgefühle zerfurchen dein Gesicht, wenn du an sie denkst. Ihr Sohn bist du, ihr einziges Kind. Es fiel ein harter, kalter Schatten auf unsere kleine Freundschaft, als ich dir sagte: Nur für dich musst du sorgen, deine Mutter ist für sich selbst verantwortlich.

Die Ärzte erklärten mir und wir dann dir, dass du auf 15 Einheiten herunter musst, dann auf 10, auf 5, schließlich auf null. Scheibchenweise brachten sie dir die Wahrheit nahe, scheibchenweise rückte Gevatter Tod näher an dein Bett. Dein Magen vertrug die feste Nahrung nicht mehr; deine Beine konnten dich nicht mehr tragen, dein Mund verlernte das Sprechen, zusammengekrümmt wie ein Baby lagst du im Bett.

Welch eine Chance, noch einmal von vorne beginnen zu dürfen! Aus flüssiger Nahrung wurde feste, mit Hilfe eines Stockes und einer freundlichen Hand lerntest du laufen, aus unverständlichem Gemurmel wurde eine Sprache. Plötzlich sind Pläne möglich und Träume erlaubt. Die Nacht ist vergangen, auch die Leere und die Last. Auf deinen Namen hast du gehört, du hast leben gewollt, Willi. Das Fragezeichen hast du gelöscht. Du warst ein Toter, der nicht sterben dufte, weil er neu geboren werden wollte. Nun schmecke neu die Lebenswasser, riech die Blumen, zähl deine Container in London, besuche deine Mutter, hol sie zu dir nach Chelsea, du bist eine Wurzel, die Wüste wird zum Garten. Ich sage dir Lebewohl und überlasse dich weiterhin Gott, der dich gütig begleitet, dich zum Fanal für alle gemacht hat, die glauben, eine Krankheit wie die deine führe automatisch zum Tode. Willi will weiter!

Manche Menschen sterben schon vor ihrem Tod. Andere sind totgesagt und entschließen sich, dennoch an ein Leben vor dem Tode zu glauben. Es ist oft eine Frage des Willens, eine schwere Krankheit zu überleben, ihr zu trotzen und sich des Daseins zu erfreuen. Und deshalb muss manchmal als Erstes der Wille gesunden.

Stirb und werde

Am Telefon sagte er zu mir: „Sie sind mir empfohlen worden.“ Und: „Sie sind meine letzte Chance.“

Ich freue mich über jede Empfehlung von Kolleginnen und Kollegen. Ich fühle mich überfordert und bedrückt, wenn jemand mir sagt, ich sei seine letzte Chance. Ich war gespannt auf seinen Besuch.

Er, ein 45-jähriger Mann, hatte große Probleme mit seiner Haut. Feuerrot sein Gesicht, seine Hände, seine Arme. Vor 15 Jahre habe er sie bekommen, diese verrückte Haut, in unzähligen Kliniken und Praxen sei er gewesen, zentnerweise Creme und Salben habe er verschmiert, stundenlang im Meerwasser gebadet, nichts, rein gar nichts habe geholfen. Gerne hätte ich mit ihm philosophiert, warum er „gar nichts“ durch das Wort „rein“ ergänzte, schließlich will er doch eine reine Haut haben. Aber ich enthielt mich dieses Zwischenrufes und fragte ihn stattdessen, ob es vor 15 Jahren ein Ereignis gegeben habe, das sein Leben entscheidend geprägt habe. Nicht vor 15 Jahren, aber vor 16 Jahren habe er seine jetzige Frau kennen gelernt, sie geheiratet und knapp ein Jahr später sei das mit der Haut passiert.

Ich suchte nach einer Formulierung, die ihn nicht verletzt, aber er kam mir zuvor. „Nicht dass Sie denken, ich würde diese Frau innerlich ablehnen oder wäre unglücklich mit ihr oder gar sie wäre die Ursache für meine verrückte Haut. Im Gegenteil, sie ist mein Morgen und mein Abend, mein Stern in der Nacht, wir lieben uns tief und innig und sie hat kein Aber gegen diese entsetzlich rote und schuppige Haut.“

Nun war ich besonders auf eine gute Formulierung

bedacht. „Ich glaube Ihnen gerne, aber dennoch kann es sein, dass Ihre Frau mit Ihrem Hautproblem zu tun hat (sein Gesicht wurde brennend rot und nur mit Mühe hielt er sich zurück). Ich meine das in einem positiven Sinne. Unsere Seele, unser Unterbewusstsein, hat nämlich kein Zeitempfinden; bisweilen reagiert es mit jahrelanger Verzögerung auf eine Verletzung. Die Seele lässt dieses Trauma lange ruhen, um den Menschen nicht noch mehr zu belasten. Als sie nun Ihre Frau trafen, sich mit ihr glücklich und geborgen fühlten, meldete sich Ihre kluge Seele und machte Sie mit dem Erröten Ihrer Haut darauf aufmerksam, dass es noch etwas gibt, was Sie aufarbeiten sollten, nachdem Sie in guten Händen sind."

Er atmete sichtlich erleichtert aus und mir schien auch, dass seine Rötung leicht zurückging. „Aber was soll das sein; auch vor meiner Frau ging es mir gut, im Beruf, gute, liebevolle Eltern, eine Kindheit ohne Probleme, behütet und beschützt von Eltern und Großeltern, als diese noch lebten, keine Gewalt gegen mich, kein Schatten, zumindest nicht in meinem Leben. Im Leben meiner Eltern wohl, denn vor mir gab es ein Kind, einen Jungen, der wohl starb, als ich geboren wurde oder gezeugt wurde." – „Das ist wichtig: Starb er, als Sie geboren wurden, oder starb er, als Sie gezeugt wurden? Fragen Sie bitte Ihre Mutter."

Als er zum nächsten Termin erschien, war er äußerst erregt und sein Gesicht war so rot, wie ich es zuvor noch nicht gesehen hatte. Ohne Umschweife begann er: „Stellen Sie sich vor: Mein verstorbener Bruder, von dem ich Ihnen erzählt habe, starb an einem Blinddarmdurchbruch. Meine Eltern lebten auf dem Lande, als mein Bruder Bauchschmerzen bekam. Es dauerte eine zu lange Zeit, bis der Landarzt kam, das Problem sofort erkannte und meinen Bruder persönlich ins Krankenhaus brachte. Aber es war zu spät. Mein Bruder starb. Und nun stellen Sie sich das vor: Meine Eltern haben in just dieser Nacht miteinander geschlafen, statt zu trauern; sie haben sich im Bett vergnügt und in dieser schrecklichen Nacht bin ich dann gezeugt worden! Ist das nicht schrecklich?" – „Ja, es ist schrecklich, dass Ihr Bruder gestorben ist. Nicht schrecklich ist es, dass die Eltern sich geliebt haben. Von Vergnügen kann keine Rede sein. Offensichtlich waren Ihre Eltern durch die Todesnachricht innerlich so gespalten, so ver*zwei*felt, dass sie sich in der Nacht aneinander klammerten, um in der Ver*ein*igung wieder eins zu werden. Vielleicht wollten sie unbewusst ein neues Leben gegen den Tod setzen. Leider ist für Sie das Resultat schlimm, denn nicht um Ihrer selbst willen sind Sie gezeugt worden, sondern als Ersatz in großer Not. Und das bedeutet: Sie leben in fremder Haut ..."

„Sie haben Recht! Immer wieder wurde ich mit meinem Bruder verglichen, das Aussehen, die Gesten, sein Spielzeug und seine Kleider habe ich übernommen." Er erblasste und fuhr dann fort: „Und was soll ich nun tun?" – „Ich empfehle Ihnen, dass Sie mit Ihren Eltern sprechen, Ihnen erklären, dass Sie Sie sind und nicht ein Ersatz für den verstorbenen Bruder. Gehen Sie auf den Friedhof und sprechen Sie am Grab Ihres Bruders, dass Sie nicht mehr in seiner Haut stecken möchten, dass Sie leben und die Liebe in eigener Haut erleben möchten."

Ganz allmählich erlosch die Röte seiner Haut. Ein halbes Jahr später war er beschwerdefrei.

Wenn wir Verständnis für die Schwierigkeiten äußern wollen, vor denen ein anderer steht, sagen wir oft: „In deiner Haut möchte ich nicht stecken." Dahinter verbirgt sich das Wissen, dass die Haut ein Spiegel der Seele ist und zum Ausdruck bringt, was wir nicht aussprechen oder unterdrückt haben. Und die Formulierung zeigt, dass jeder Mensch das Recht hat, in seiner eigenen Haut zu sein, sein eigenes Leben zu leben, sich von Rollen zu befreien, in die andere ihn vielleicht stecken wollen.

Süße kosten

„Muss ich das bezahlen, kostet das was extra?", fragt sie mich mit leiser Stimme und ich höre das Geräusch, das ihr magerer Bauch verursacht. „Nein, ich bin hier angestellt, der Besuch kostet Sie nichts." – „Ganz und gar umsonst?", fragt sie ein zweites Mal.

Abgemagert und ungläubig lag sie in ihrem Krankenhausbett, eine Frau von 42 Jahren, hübsch und krank. Die Ärzte wissen nicht weiter, probieren dies und lassen jenen. Es ist der Magen, sagt sie. Aber ihre Augen sagen: Der Magen ist es nicht. Die Geschwüre kommen vom Magen, behauptet sie tapfer und immer wieder. Sie weiß, dass sie sich in die Tasche lügt. Ihre Augen fragen mich, ob ich die Lüge bemerkt habe. „Sie wissen, dass es nicht der Magen ist. Es ist etwas anderes." – „Aber was?" – „Ich weiß es nicht, aber wir können versuchen, es gemeinsam herauszufinden." Sie weint und dreht sich um. „Ja, es wird wehtun, vielleicht sogar sehr wehtun."

Ich schaue sie noch einmal an, sehe ihre Magerkeit, sehe die verbundene Hand, die Decke, die die offenen Beine verdeckt, ihre grauen Haare sehe ich und den kleinen, zu einem Strich verdünnten Mund, ihre Augen, verborgen hinter einer dicken Brille. Frau, was drückt deine Haut im wahrsten Sinne des Wortes aus?

Ich frage nach ihren Kindern. Erneut weint sie, berichtet aber dann von den Pubertätsproblemen ihrer Tochter. Mir scheint, sie spricht von sich. Weiter spricht sie von ihrem Sohn, vom ersten Schuljahr, von den Schwierigkeiten mit der Lehrerin, die ihn bekämpft, weil sie sich einmal in einer Elternversammlung gegen die Pädagogin gestellt hat. „Ich wurde ganz rot, aber ich musste einfach aufstehen, um ihr zu sagen, dass es so nicht geht.“ Sie schweigt und wird bei der Erinnerung an ihren Auftritt rot im Gesicht. „Obwohl andere Eltern auch so dachten, hat mich niemand unterstützt. Ich stand da und war ganz allein.“

Ich schaue sie an. Sie schließt die Augen. Ich berühre ihren Arm und spüre eine Haut so dünn wie Seide. „Können Sie sich noch daran erinnern, ob Ihr Mann Sie damals begleitet hat, als sie aufstanden und sich wehrten?“ Sie kann sich nicht daran erinnern, nein, beim besten Willen nicht. „Ich glaube Ihnen nicht“, sage ich, „daran können Sie sich ganz genau erinnern. Lassen Sie es nicht drin. Es bahnt sich sonst einen anderen Weg.“ Ich schaue auf die Decke, die ihre offenen Beine verhüllt. „Neben mir saß er, sprachlos war er, gewundert hat er sich über mich. Ich habe einen guten Mann“, entschuldigt sie ihn.

Wir schweigen gemeinsam eine kleine schöne Zeit. Draußen scheint wunderbar warm, großherzig ihr Licht verschenkend, die Oktobersonne. In die Krankenhausluft drängt sich sanft ein Duft einer gemähten Wiese. „Erzählen Sie mir, wie es zu den Entzündungen und den offenen Beinen kam", bitte ich sie.

„Im Urlaub war es, in Kärnten. Wissen Sie, ich wollte ja gar nicht mitfahren. Alle hatten sie vorher die Grippe bei uns, ich bekam sie als Letzte und wie üblich ganz schwer. Ich wollte daheim bleiben, wollte meine Ruhe haben, aber meine Kinder und vor allem mein Mann bestanden darauf. Wenn du nicht mitfährst, dann bleibe ich auch hier. Es war wie ein Befehl." Ich stöhne. Sie schaut mich verwundert an. „Ist doch wahr: Wenn ich nicht mitgefahren wäre, wären die anderen auch hiergeblieben, da hätte ich ja auch keine Ruhe gehabt."

Schnakenstiche waren der Auslöser gewesen. Sie war an Land geblieben, während die anderen in einem Schlauchboot auf den Wörthersee hinaus paddelten. Da wurde sie von Schnaken überfallen und damit hätte alles begonnen. Natürlich der Magen. Der war vorher schon nicht in Ordnung. Und dann noch die Grippe.

„Wann haben Sie sich das letzte Mal für sich etwas gekauft?" Sie kann sich nicht erinnern. Doch, einen Sonnenhut gegen die Sonne, im Urlaub im August. „Was machen Sie denn gerne, ich meine so als Hobby oder um sich selbst das Leben zu versüßen?" Malen würde sie gerne und selber schneidern, und, ja ins Kino würde sie auch mal gerne gehen, „aber das geht nicht, wissen Sie, mein Mann, wir haben gebaut und da ist, hm, seine Mutter, die wohnt jetzt auch bei uns und meine Mutter sagt, du musst nur noch das Nötigste tun im Haushalt, für die Familie musst du da sein und den Firlefanz weglassen, das Malen und Schneidern. Aber ich hätte so große Lust, sogar hier in der Hautklinik", schließt sie ihre Rede. „Dann machen Sie es doch!" – „Ich bin zu schwach." – „Wenn Sie wollen, können Sie auch hier malen, schon morgen. Ich bringe Ihnen einen Malkarton und Aquarellfarben mit." Sie schweigt. „Kostet das was?" – „Nichts, nur ein Bitte." – „Sie kommen morgen wieder? Mit Farben? Ich möchte sie bezahlen, die Farben. Das gönne ich mir."

Die wichtigsten Dinge im Leben kann man sich nicht kaufen; man bekommt sie geschenkt, wenn man darum bittet oder betet: Dankbarkeit, Zuwendung, Freiheit, Vergebung. Wer darüber hinaus die Süße des Lebens kosten möchte, muss sich hin und wieder die Süße etwas kosten lassen.

Der vierte Schritt

Sie spürte, es war ein guter Tag, ein leichter Tag, ein wunderbarer Tag, der schönste ihres Lebens in dieser anderen Zeit. Schon im Bett wusste sie es, als sie das lang ersehnte Kribbeln in ihren Beinen spürte. Heute würde sie ihre Mutter anrufen und deren Freude wie ein wunderbares Getränk genießen und bei dem Gespräch so ganz nebenbei den Satz fallen lassen, den sie so lange geübt: „Mutter, ich habe Vertrauen in meine Beine. Ich schaffe es."

Sie schob die Decke beiseite und sah den Stuhl an. Sie holte tief Luft – es tat nicht weh – und schwang beide Beine nach vorn und zu Seite. Den Schwung ausnutzend, richtete sich auf und saß nun – es tat nicht weh

– auf der Bettkante. Kein Zittern. Ein guter Tag, ein wunderbarer Tag, leicht so leicht, ja.

Sie betrachtete den Stuhl. Ihr schien, er würde ein paar Zentimeter zu weit entfernt stehen. Dennoch, dachte sie, muss ich auf die Füße, und für einen kleinen Augenblick wollten Angst und Schrecken die Schönheit des Tages stehlen. Ach was, schalt sie sich, ich schaffe es und Mutter wird sich freuen und dann einen guten Tag haben wie auch ich.

Noch einmal atmete sie tief ein, stemmt die Handflächen in die harte Matratze und belastete ihre Beine. Es tat weh, nicht so weh, wie sie befürchtet hatte, ein klein wenig weniger als gestern. Sie schwankte und drohte aufs Bett zurückzufallen, aber sie zwang sich zum Gleichgewicht, indem sie den Rücken durchstreckte und konzentriert in ihre Beine hineinatmete.

Drei Schritte waren es zum Stuhl, vielleicht zwei, wenn sie große Schritte machte. Aber ich kann keine großen Schritte machen, noch kann ich es nicht, aber ich will es bald können. Für den ersten Schritt brauchte sie zehn Atemzüge. Beim zweiten hechelte sie wie ein Hund und Schwindel lähmte ihre Sinne. Der dritte Schritt war wie eine Ewigkeit, begleitet von Krämpfen und Übelkeit. Mit letzter Anstrengung erreichte sie den Rollstuhl und ließ sich fallen. Schweiß lief ihr aus Haaren und Achseln. Aber sie jubelte.

Drei Schritte habe ich gemacht, ganz alleine ohne fremde Hand. Und morgen vielleicht vier, nein nicht vielleicht: sicher vier quer durch das ganze Zimmer zum Rollstuhl, ich ganz allein auf mich selbst vertrauend. Sie rollte den Rollstuhl auf die neue Entfernung und griff zum Telefonhörer.

„Willst du gesund werden?“, fragt Jesus einen Kranken. Welch zynische Frage, so scheint es, denn wer wollte nicht gesund werden. Liebevoll ist die Frage, wenn wir herauslesen, was Jesus gemeint hat: Du bist nicht einfach einem willkürlichen Schicksal ausgeliefert. Dein Wollen ist wichtig, es hilft, dich gesund zu machen.

Morris und das Geheimnis des Vertrauens

Sie standen um sein Bett und lächelten wissend. Als Morris Goodman am 10. 3. 1981 mit dem Flugzeug abstürzte, da überlebte er, aber er war völlig gelähmt. Sein Rückenmark war zerquetscht, er hatte den ersten und zweiten Halswirbel gebrochen und sein Schluckreflex war zerstört. Weder essen noch trinken konnte er, sein Zwerchfell war zerrissen, nicht mehr atmen konnte er. Nur noch ein Winziges blieb ihm: mit den Augen zu zwinkern, und etwas ganz Großartiges: sein Denken. Die Ärzte sagten ihm, dass er für den Rest des Lebens ein Pflegefall bleiben würde, ein menschliches Wrack, das vor sich hinvegetierte.

Nun standen sie um sein Bett, schüttelten insgeheim den Kopf und lächelten, als er ihnen zuzwinkerte*: Ich will Weihnachten zu Fuß das Krankenhaus verlassen. Er, der an einer Beatmungsmaschine hing und durch einen Tubus ernährt wurde, dachte: Ich muss tief atmen. Und eine Stimme in ihm wiederholte unaufhörlich die-

* Eine Methode, sich mit einem völlig Gelähmten zu verständigen, besteht darin, ihm eine Buchstabentabelle vor Augen zu führen; beim gemeinten Buchstaben zwinkert der Gelähmte bestätigend.

sen Satz. In ihm war ein Vertrauen in das Leben so groß wie ein Ozean.

Eines Tages konnte die Beatmungsmaschine entfernt werden. Niemand konnte sich das Wunder erklären, wie er wieder selbständig atmen konnte. Er wiederum sagte sich: Dies war mein erster Schritt. Ich habe ein Ziel und eine Vision. Nichts und niemand kann mich davon abhalten. Ein Schmetterling flatterte in sein Zimmer flattern und setze sich auf sein Bein. Wohl zwei Sekunden saß er da, buntscheckig, einen Tanz choreographierend. Morris spürte den intensiven Wunsch nach Verwandlung. Danach bat er darum, die Kerze, die sie ihm auf das Fensterbrett gestellt hatten, durch eine Lampe zu ersetzen, die nie ausgeschaltet werden durfte.

An Weihnachten verließ er auf seinen eigenen Füßen das Krankenhaus. Seine klaren Augen leuchteten wieder und strahlten und mit einem prüfenden Blick über den Rand der Brille musterte er die Begonien an den Fassaden der Häuser gegenüber. Bald werden sie schlapp machen, dachte er. Aber ich nicht. Ich kenne nämlich das Geheimnis des Vertrauens: Man wird, woran man denkt.

Er schaute in die Ferne, um alles wirklich zu sehen, was er sich in all den Monaten zuvor vorgestellt hatte, auch um Ausschau zu halten nach all denen, die er verloren geglaubt hatte. Er murmelte leise ein paar Worte vor sich hin, Worte über ein schmutziges Auto, über ein weinendes Kind und stieg dann so langsam und genussvoll in das Auto ein, als genösse er eine kostbare Mahlzeit. War seine Heilung eine magische Spiegelung Gottes und sein Unfallleiden mit Schweigen, Hören, Dulden und Denken ein lebendiger Garten?

Man wird, woran man denkt. Das klingt fast ein wenig wie eine wundersame Erfüllung unserer Wünsche, wie die automatische Lieferung der Bestellungen beim Kosmos. Aber so mechanisch-primitiv ist das Leben nicht. Zum Vertrauen gehören auch Schweigen und Hören, Dulden und Denken. Dann können wir im Leiden auch einen Garten erkennen und dann kann sich im Heilwerden Gott wie in einem Spiegel zeigen.

Das weichgekochte Ei

Sie war in den Ferien oft bei den Großeltern. Diese wohnten bei ihrer Tochter Liesel. Das Zimmer war klein, zwei Betten, getrennt durch einen Nachttisch, darüber das einzige Fenster, eine Kochnische und eine Waschschüssel, ein Ofen, ein Bild mit einer Blumenvase als Motiv. Sie schlief gewöhnlich im Bett der Großmutter und lag an der Wand.

Es war eine seltsame Geborgenheit, diese Gewissheit, nicht aus dem Bett fallen zu können. Auf der einen Seite die Großmutter, warm und gut riechend, regelmäßiger Atem, lächelnd auch im Schlaf und auf der anderen Seite die Wand. Hunderte Male hatte sie sie berührt, mit ewig kurzen und abgebissenen Fingernägeln die Ritzen der Tapete untersucht und die Muster nachgemalt.

Eines Nachts, es war wohl schon der beginnende Morgen, wurde sie plötzlich wach. Der Platz neben ihr war leer. Angst erfasste sie. Im Flur brannte Licht, schwach und trostlos. Stimmen waren zu hören, zuerst gedämpft, dann immer lauter und erregter. Menschen gingen in die Küche, Schritte hörte sie, die sie nicht zu identifizieren vermochte.

Ihr wurde kalt an der Seite, wo sonst Großmutter lag. Sie versuchte, ihren Atem unter Kontrolle zu halten. Sie spähte und lauschte zum Bett des Großvaters hin. Auch er war nicht da. Da begann sie zu weinen, aber niemand kam, und sie weinte lauter. Sie klagte und rief, ihre Angst wurde immer größer und sie verließ das Bett und legte sich darunter, wie sie es immer tat, wenn sie etwas nicht verstand, wenn sie sich verfolgt oder beleidigt fühlte, wenn sie einsam oder traurig war.

Es war ihre Schutzhöhle, über ihr ein Himmel aus graugrünem Matratzenstoff, der von Drahtfedern mühsam gehalten wurde. Das Gewicht der Großmutter hatte eine Wölbung entstehen lassen, die ihren Brustkorb berührte. Unter ihr die braunen, nach Bohnerwachs riechenden Holzdielen, die sich in der Mitte sanft nach oben, dem Drahtgeflecht des Sprungrahmens entgegenwölbten. In den Ritzen hatten sich Staub und Bohnerwachs gesammelt und ihre Finger wanderten hin und her und fanden eine Murmel, die dorthin gekullert war.

Sie musste eingeschlafen sein. Plötzlich hörte sie Stimmen, die von weit oben kamen. Die Mutter befahl ihr, sofort unter dem Bett hervorzukommen. Die Mutter? Warum war sie hier bei Oma? Die Stimme der Mutter, vertraut und doch so fremd an diesem Ort. Was war geschehen? Oma ist tot, wusste sie auf einmal. Sonst wäre doch Mutter nicht da. Ich werde nun für immer unter dem Bett bleiben, beschloss sie. Was soll ich oben, wenn Oma nicht mehr da ist?

Sie vernahm Schritte, sah nackte Füße mit Frostbeulen, Füße in ausgetretenen Hausschuhen. Sie drehte sich zur Wand, spielte mit der Murmel, die ihr jedoch davonrollte. Wieder vernahm sie ein Geräusch, wandte sich um und blickte in die Augen der Großmutter. Klein waren ihre Augen, glanzlos, verschwommen. Oma weinte. Da musste auch sie weinen.

Großmutter lag auf den Knien, gestützt auf ihre alten Ellbogen und blickte zu ihr unters Bett in die Dunkelheit ihrer Höhle. „Liesel ist gestorben", sagte sie. Der Satz tröstete sie und sie dachte: Ich habe nichts falsch gemacht. Sie weinte mit geschlossenen Augen und legte die Stirn auf die Holzdielen. Großmutter richtete sich auf. Sie hörte es an ihrem Schnaufen. Nach einer Weile vernahm sie ein weiteres Geräusch: Großmutter hatte sich erneut hingekniet und schob mühsam einen Eierbecher mit einem geschälten, weichgekochten Ei unters Bett. Sie umfasste den Eierbecher, holte ihn ganz zu sich heran, drehte sich auf den Rücken und aß das Ei.

Dann legte sie sich wieder ins Bett. Draußen wurde es allmählich hell. Ich bin allein, aber da ist ja noch die Wand. Ich werde nicht herausfallen und ich stelle mir einfach vor, dass Oma nur kurz auf der Toilette ist.

Es gibt einen Hunger nach Nähe und Zärtlichkeit(en). Und es gibt einen Hunger danach, verstanden und geliebt zu werden. Es gibt vor allem den Hunger, keine Angst zu haben. Und manchmal wird der Hunger, selbst den Tod nicht zu fürchten, von einem schlichten gekochten Ei gestillt.

Die Macht des Vertrauens

Ich habe nichts mehr zu verlieren, dachte sie. Sogar mein Vertrauen in das Leben habe ich fast völlig verloren. Nur ein kleiner Rest ist geblieben in meiner arm gewordenen Welt. Allein verschämte Blicke auf das unerreichbar erscheinende Glück der anderen sind mir geblieben. Niemand ist da, dem ich meine Not erklären kann. Niemand, der mich berührt. Von Arzt zu Arzt bin ich gerannt. Niemand konnte mir helfen, obwohl ich doch alles dran gesetzt habe, um gesund zu werden. Nichts ist besser geworden, im Gegenteil: Alles ist schlechter geworden.

Aber mit dem letzten Rest meiner Hoffnung, dem Fitzelchen Vertrauen werde ich es wagen, beschloss sie. Ja, ich bündele meine letzten Kräfte, um ihn zu sehen, um ihn zu berühren. Dann werde ich gesund und kann das Gefängnis meiner Krankheit verlassen. Vorsichtig muss ich sein, damit niemand mich bemerkt, wenn ich das Haus verlasse. Man würde mich zurückschicken und dann später bestrafen, weil ich das nicht darf, ich, eine Frau, die blutet und blutet, sich leer blutet. Aber wenn ich ihn berühre, dann hört das auf, dann bin ich endlich frei, darf wieder Frau sein, darf wieder unter Menschen sein, dazugehören, bei Festen und Feiern dabei sein.

Sorgsam verkleidete sie sich, verschleierte ihr Gesicht und verließ auf Schleichwegen das Haus, um sich jenem Ort zu nähern, wo sich schon eine große Menschenmenge versammelt hatte, um den Mann zu sehen und sprechen zu hören. Ihr Mut schwand und ihr Vertrauen wollte sie verlassen, als sie die geringen Möglichkeiten sah, ihn zu sprechen oder wenigstens zu berühren. Aber sie entschloss sich, dem Vertrauen Macht zu schenken, und drängte sich durch die Menge, langsam, aber stetig, Meter um Meter immer dichter zu dem Mann, von dem sie sich das Leben erhoffte.

Nun stand sie dicht hinter ihm. Doch aussichtslos, ihn an der Hand zu berühren oder gar ein paar Worte von ihm zu hören, die nur ihr gehörten. Zaghaft berührte sie den Saum seines Gewandes und fast gleichzeitig spürte sie die Veränderung in ihrem Körper: Sie blutete nicht mehr. Es war kein Irrtum, es gab keine andere Erklärung als jene, dass die Blutungen in dem Augenblick aufgehört hatten, als sie das Kleid des Mannes berührte.

Der Mann. Jeder kennt ihn. Und die ihn kennen, kennen auch diese Geschichte (Lukas 8,43-48). Aber haben sie auch den Satz wahrgenommen, den Jesus damals sprach? Noch einmal: Er steht mitten in einer drängenden und schiebenden Menschenmenge und es ist unmöglich für seine Begleiter, ihn vor Berührungen, Anrempeln und ausgestreckten Händen zu schützen. Die Frau hat ihn selbst gar nicht berührt, sie hat nicht ihn angefasst, sondern nur den Saum seines Gewandes. Und da fragt dieser Gottesmann doch tatsächlich, wer denn sein Gewand *berührt* habe! Wie ist es möglich, bei all dem Gedränge, bei den Tausenden von Menschen, die alle etwas wollen, den so leisen Hauch einer Berührung zu spüren? Dieser Mann war mehr als sensibel, er war sensitiv, einmalig einfühlsam. Er war die letzte Chance für eine Frau, die alles auf eine Karte gesetzt hat in der Hoffnung, dass er ihr Vertrauen belohnt, um ihr das Leben zu schenken.

Die Krankheit gibt es auch heute noch; sie wird Dysmenorhoe genannt. Frauen leiden nicht nur an den körperlichen Beschwerden, sondern zusätzlich auch deshalb, weil die Krankheit heute wie damals ein „normales“ gesellschaftliches und privates Leben erschwert.

Chancen vergrößern, Möglichkeiten erweitern, zusätzliche Optionen schaffen – so sprechen die Manager heute und nach den Regeln der Wahrscheinlichkeitsrechnung klingt das sogar sehr vernünftig. Und doch gibt es Momente, in denen wir gegen jede Mathematik alles auf eine Karte setzen müssen. Keine Chance zu haben und etwas trotzdem zu wagen, das gehört manchmal zum Vertrauen.

Der verhexte Schoß

Sie kam auf Empfehlung zu mir. Zuvor hatte sie, eine 40-jährige Innenarchitektin, zusammen mit ihrem Mann die Universitätsklinik aufgesucht. Beide wollten sich untersuchen lassen. Zwei Jahre lang hatten sie ohne Erfolg versucht, ein Kind zu bekommen. Es lagen keine medizinisch-biologischen Gründe vor, die eine Schwangerschaft ausschlossen. Offensichtlich lag es an ihr, denn Zahl wie Geschwindigkeit der Spermien waren ausreichend. Nun hofften sie auf die Hilfe eines Psychologen.

Sie war eine kluge und reife Frau. Alle Versuche herauszufinden, ob vielleicht ein Trauma vorlag oder eine schlimme Beobachtung der Grund für die Nicht-Schwangerschaft war, führten zu keinem Ergebnis. Sie hatte eine behütete Kindheit gehabt, ein gutes Elternhaus, keine Erlebnisse mit Gewalt. Auch weitere Stunden mit Tests, wie sie üblich sind, zum Beispiel über Assoziationen oder mit Hypnose, brachten keinen Erfolg. So musste ich ihr mitteilen, dass es auch mir nicht gelungen war, die Gründe herauszufinden, und deshalb empfahl ich sie an eine Kollegin, weil ich dachte, eine Frau hätte zu diesem Problem einen anderen und näheren Zugang.

Sie war enttäuscht, dass ich aufgeben wollte, und meinte mit schmerzhaft verzerrter Miene: „Mein verflixter und verhexter Schoß macht mir alles kaputt." Ich nahm ihre Worte zum Anlass für noch einen weiteren Versuch und bat sie, ein buntes Bild zu malen, das ihren verflixten und verhexten Schoß darstellen sollte. Bilder sind nämlich Schlüssel zu geheimen Türen der Seele, sie zeigen Wünsche, Sehnsüchte und Ängste.

Beim nächsten Termin stürmte sie mit dem Bild in der Hand in das Sprechzimmer und statt mich zu begrüßen, konfrontierte sie mich mit der Aussage: „Da haben Sie aber etwas angerichtet!" Sie reichte mir ihr Bild und ich begab mich zum Schreibtisch, um es zu studieren. Sie hatte die Farben Rot und Schwarz gewählt und mit groben Strichen von Wachsmalkreide die Umrisse ausgefüllt. Wachsmalkreide, wie man sie kleinen Kindern gibt, damit sie ihre Feinmotorik schulen, in der Regel kleine quaderähnliche Blöcke. „Wo, bitte schön, haben Sie denn die Farben her, mit denen Sie das Bild gemalt haben?" – „Aus dem Kinderzimmer", antwortete sie. – „Aus welchem Kinderzimmer? Sie haben doch noch gar keine Kinder?"

Sie erklärte mir, dass sie vor zwei Jahren neu gebaut hätten, ein Haus mit zwei Kinderzimmern, die schon vollständig eingerichtet waren (sie hatte sich den Inhalt dieser Zimmer von ihren Geschwistern schenken lassen) und dort waren in der Schublade der Schreibtischchen eben diese Farben gewesen. „Sie haben zwei fertig eingerichtete und ausgestattete Kinderzimmer! Sie gehen Tag für Tag an den Zimmern vorbei, werfen vielleicht einen sehnsuchtsvollen Blick hinein und verstärken den Druck, endlich Kinder zu haben! Holen Sie einen Zimmermann und vernageln Sie die Türen. Unter diesem Druck ist es schwer, schwanger zu werden."

Sie schaute mich erstaunt an. „Sie haben noch gar nicht gefragt, warum ich so unhöflich und erregt in Ihr Zimmer platzte. Ich kann nämlich nicht mehr schlafen, seitdem Sie mir befohlen" – sie verbesserte sich – „empfohlen hatten, das Bild zu malen. Ich habe Alpträume und in meinem schlimmsten Traum ist ein Wesen mit verkrümmtem Leib und vier Klauen statt Händen und Füßen aus meinem verhexten Schoß gekrochen und dieses Wesen hat mich aufgefressen!"

Der Traum brachte die Erklärung für ihre „Unfruchtbarkeit": Sie hatte Angst, in ihrem Alter (40 Jahre) ein behindertes Kind zu bekommen, eines mit einem verbogenen Leib, mit verkrüppelten Füßen und Händen, ein Kind, dessen Pflege und Betreuung ihre Zeit und Kraft „auffressen" würde. In der Tat kann die Angst das Vertrauen derart reduzieren und den Körper falsch programmieren, dass eine freie, unbefangene Schwangerschaft nicht möglich ist. Ich empfahl ihr, gemeinsam mit ihrem Mann und mir über ihre Befürchtungen zu reden und zu überlegen, ob sie schwanger werden wollte auch auf die Gefahr hin, ein behindertes Kind zu bekommen.

Sie wollte und ein Jahr später brachte sie einen gesunden Jungen zur Welt.

Zwei Jahre danach telefonierte ich mit ihr und hörte im Hintergrund das spielerische Toben eines Kindes und das Zerschellen eines Glases oder einer Vase. Ja es ginge ihr gut, erzählte sie mir. Sie wäre wieder schwanger und vertraue darauf, dass alles gut gehe. Und ja, das mit dem kaputten Glas, das wäre ihr Sohn gewesen. Sie fügte lachend hinzu: „Manchmal scheint es so, als fräße er mich auf." Auch ich lachte und meinte: „Nun, das mit dem Auffressen haben Sie vor ein paar Jahren bereits geträumt. Wie schön, dass sich dieses Rätsel so wunderbar löst."

„Angst essen Seele auf" heißt der Titel eines Filmes von Rainer Werner Faßbinder. Angst kann auch das Vertrauen annagen und schließlich aufessen. Wenn wir der Angst immer neue Nahrung geben, wird sie größer und größer. Sie auszuhungern, ist aber auch kein guter Weg, denn Angst warnt uns vor Gefahren. Ein gutes Mittelmaß ist richtig – wie beim Essen auch.

Das provisorische Leben der Krankenschwester

Viktor E. Frankl beschreibt in seinem Buch „Psychotherapie für jedermann" eine äußerst tüchtige Krankenschwester, die an Krebs erkrankt war, der operativ nicht mehr zu beseitigen war. Er trifft sie in tiefster Verzweiflung an. Nicht an der Krankheit allein leidet sie, sondern daran, dass sie ihren über alles geliebten Beruf nicht mehr ausüben kann. Wie soll Frankl ihr in dieser aussichtslos erscheinenden Situation helfen? Er versucht, ihr klarzumachen, dass es keine große Kunst ist, zahlreiche Stunden am Tag zu arbeiten; das könnte jeder andere Mensch auch. Aber arbeitswillig zu sein wie sie und dabei arbeitsunfähig, jedoch trotzdem nicht zu verzweifeln, das wäre eine Leistung, die ihr sobald kaum jemand nachmachen könnte. „Und so frage ich sie: Begehen Sie denn nicht ein Unrecht an all jenen Tausenden von Kranken, denen Sie als Krankenschwester doch ihr Leben geweiht haben – begehen Sie kein Unrecht, wenn Sie jetzt so tun, als ob das Leben eines kranken oder siechen, also arbeitsunfähigen Menschen sinnlos wäre? Sobald Sie in Ihrer Situation verzweifeln, tun Sie so, als ob der Sinn eines Menschenlebens damit stünde und fiele, dass der Mensch soundso viele Stunden arbeitet. Damit aber würden Sie allen Kranken und Siechen jedes Lebensrecht und alle Daseinsberechtigung absprechen", schreibt Frankl.

In solchen Situationen sollte das Vertrauen wachsen, eine große Chance zu haben, ein menschlichen Beispiel zu geben, indem diese Frau ihr provisorisches Leben aufgibt, das darin besteht, dem Götzen eines einziges Wertes zu dienen.

Selbst angesichts des herannahenden Todes kann das Leben sinnvoll sein. Auf jeden von uns kommt dann vielleicht eine besondere Aufgabe zu, die so persönlich ist wie keine andere und zugleich äußerst konkret. Und sei es nur, dass sie darin besteht, aufrecht zu sterben und im Leid nicht zu verzagen.

Das Papayabäumchen

Wir haben Rainer mit auf unsere Therapiereise nach Teneriffa genommen, obwohl mir die Kollegin im Klinikum sagte, er habe wegen eines Tumors im Kopf nur noch wenige Wochen zu leben und er könnte im unglücklichsten Falle unterwegs sterben. Nun spielt es aber ja wahrlich keine Rolle, wo man stirbt, sondern wie.

Unsere erste Wanderung auf Teneriffa führte uns an einer Papayaplantage vorbei und ich sah in erreichbarer Nähe an einem Zaun eine Frucht, die mir sozusagen zurief: Pflücke mich! Ich nahm sie ab, hängte einen 1000-Peseten-Schein an den Baum und erklärte Rainer, dass diese Frucht mit ihren Kernen für ihn von Bedeutung sei, denn sie würde eine Barriere gegen seine Entzündungen sein.

Am letzten Abend unseres Aufenthalts stand Rainer auf, dessen Sprache trotz des Tumors fließender und dessen Gang sicherer geworden war, und überreichte mir als Dank dafür, dass ich ihn mitgenommen hatte, eine Plastiktüte. Darin befand sich ein kleines Papayabäumchen. Ich war gerührt, denn mein eigenes Bäumchen war am Tag zuvor von einem herabfallenden Dachziegel ungeknickt worden. Das neue Bäumchen pflanzten wir im Garten ein. Rainer begann zu weinen.

„Rainer, warum weinst du?“, fragte ich ihn. „Wie gerne würde ich doch sehen, ob dieses Bäumchen anwächst und größer wird“, sprach er unter Tränen. „Das ist doch kein Problem, dann kommst du in der nächsten Gruppe in drei Monaten erneut mit und kannst dich selbst überzeugen, wie sehr es gewachsen ist.“ Es wurde still in der Gruppe, denn jeder wusste von seinem Ultimatum. Rainer schüttelte den Kopf. „Ich kann doch nicht mitgehen", sprach er traurig. „Ich habe kein Geld." Die Spannung in der Gruppe löste sich und wir beschlossen, einen Hut herumgehen zu lassen, um für seinen nächsten Flug zu sammeln.

Tatsächlich war Rainer beim nächsten Mal wieder dabei. Am Ende dieser Woche, als wir wieder zum Abschied beieinander saßen, fragte er mit einem feinen Lächeln in den Augen: „Wie sieht das denn aus, wenn so ein Bäumchen Blüten hat und Früchte trägt?" – „Rainer, du Schelm, du weißt doch ganz genau, wie so etwas aussieht, schließlich bist du bei den Wanderungen und Spaziergängen an Dutzenden von Papayabäumen mit unterschiedlichen Fruchtständen vorbeigekommen. Du weißt es also. Ich vermute, dass du andeuten möchtest, ein drittes Mal mitzugehen. Aber dieses Mal kann ich dich finanziell nicht unterstützen. Jetzt ist jemand anders an der Reihe." – „Ich brauche kein Geld, denn ich lasse mich zu medizinischen Testzwecken in Tübingen operieren. Man will feststellen, was mit meinem Denken passiert, wenn der Tumor entfernt wird."

Rainer war tatsächlich noch ein drittes Mal auf „seiner Insel". Er starb ein Jahr und neun Monate später an einer Lungenentzündung.

Was auch immer andere sagen, was uns wohlmeinende Eltern auch raten, wie sehr auch Ärzte von einer Diagnose überzeugt sind, wie gerne wir uns auf die Meinung unseres Partners verlassen wollen – entscheidend ist, dass wir das größte Vertrauen in unser eigenes Empfinden setzen. Und wenn wir meinen, unserem eigenen Empfinden nicht vertrauen zu können, dann dürfen wir uns auch einfach dem Leben überlassen, müssen das Vertrauen nicht unbedingt haben wollen, sondern können im Gegenteil dem Leben Vertrauen schenken.

3

Wege der Liebe

Liebe, wenn sie nicht allein Liebe zu sich selbst ist, ist dann sinnvoll und beglückend, wenn sie das liebende Miteinander der Menschen in den Mittelpunkt stellt. So wird sie zur Mitte unseres Lebens und zur höchsten Stufe menschlichen Seins. Lieben heißt nicht nur, das zu suchen, was den anderen beglückt, sondern ihn in seinem Denken, Fühlen und Handeln zu bejahen. Auch wenn wir seine Werte nicht verstehen, ist liebevolles Handeln möglich, wenn sich diese Werte nicht gegen ihn selbst oder gegen uns richten.

Die Stimmen des Bäckers

„Sie haben mir Medikamente gegeben, damit ich die Stimmen nicht mehr höre, aber ich höre sie trotzdem", erklärte Silvio. – „Sollten die Medikamente Sie beruhigen, damit Sie weniger Angst haben?" – „Ich habe jedes Mal Angst, wenn ich die Stimmen höre, und dann bin ich überhaupt nicht mehr ruhig. Ich lasse die Dinger jetzt weg." Er meinte die Medikamente. „Darüber würde ich erst mit Ihrem Nervenarzt sprechen", empfahl ich ihm.

„Erzählen Sie mir bitte noch einmal, wann und an welchem Ort Sie die Stimmen hören und was Ihnen die Stimmen sagen." – „Nachts höre ich sie. Ich verstehe nicht, was die Stimmen sagen, aber sie machen mir Angst." – „Macht Ihnen der Tonfall Angst" – er nickte – „oder erinnern Sie die Stimmen an einen bekannten Menschen?" – „Ja, es ist der Tonfall, gehässig und drohend, aber ich kann diese Stimmen keiner bestimmten Person zuordnen."

„Sie haben ‚*bestimmt*' gesagt. Was könnten denn ‚bestimmte' Personen sein? Eine Frau oder eine Freundin haben Sie nicht, wie Sie mir erzählten. Vielleicht der Vater? Oder eine Ihrer Angestellten? Ein Kollege aus der Bäckerinnung?" – „Ich kann es nicht sagen." – „Nun gut. Dann versuchen wir es an einer anderen Stelle. Erzählen Sie mir bitte, was in Ihrem Leben ‚stimmt' und was ‚unstimmig' ist." – „Sie spielen mit dem Wort." – „Mit dem Wort schon, aber nicht mit Ihnen."

„Es stimmt so vieles nicht. Die Träume in der Nacht. Ich sehne mich nach dem Morgen, der sich dann durch die schlecht geschlossenen Vorhänge schleicht und, als habe er Erbarmen, eine wilde, angsterfüllte Traumnacht beendet. Ich habe keine Partnerin, niemanden, den ich lieben darf. Sogar eine verletzliche Liebe würde ich akzeptieren; auch sie könnte schützen, indem sie die Augen verschließt und auf nichts als auf sich selber hört. Die Lust an meiner Leidenschaft, dem Langstreckenlauf, beginne ich zu verlieren, zumal ich als Bäcker so ungünstige Arbeitszeiten habe und oft nicht in der richtigen Stimmung (!) bin. Groß und stark ist die Konkurrenz durch die beiden anderen Bäcker im Dorf. Vor allem mein Vater – ich glaube, er ist unzufrieden mit mir."

„Hat er das einmal gesagt, zum Beispiel in den Worten: ‚Silvio, ich bin unzufrieden mit dir'?" – „Nein, nicht mit Worten. Aber einmal habe ich ihn beobachtet, wie er bei einem der anderen Bäcker im Ort Brot gekauft hat. Das ist doch ein deutliches Zeichen seiner Unzufriedenheit." – „Haben Sie ihn darauf angesprochen?" – „Nein, bei uns in der Familie wird sowieso nicht viel geredet." – „Reden hilft! Schweigen ist Gift. Der Kauf kann doch ganz andere Gründe haben, beispielsweise um zu testen, wie viel besser Ihr Brot schmeckt, Silvio. Oder gesetzt den Fall, jemand würde den Vater fragen, ob sein Sohn ein guter Bäcker ist, dann kann er das bejahen, weil er das Brot der Konkurrenz kennt und wahrlich nicht so schmackhaft empfindet wie das seines Silvio." Silvio strahlte mich an: „So habe ich das noch nie gesehen", sagte er und fügte hoffnungsvoll hinzu: „So könnte es *stimmen,* nicht wahr?"

Ein anderes Mal fragte ich Silvio, was ihn denn in „Stimmung" bringe. Er braust auf, ich spiele schon wieder mit Worten, spiele, sprachmächtig wie ich nun einmal sei, mit ihm durch die Macht meiner Sprache und ich glaube ihm wohl nicht, dass er Stimmen höre.

„Ganz oft kommen wir über die Sprache weiter. Sie verrät einiges und hilft, das Eigentliche zu erkennen. Darüber hinaus versichere ich Ihnen, dass Sie Stimmen hören, Stimmen, die nicht mit dem übereinstimmen, was Sie vom Leben erwarten." – „Dann sind Sie der Einzige, der mir das glaubt." – „Bin ich nicht, denn Sie glauben auch daran. Übrigens höre ich auf meine innere Stimme, vertraue ihr. Und noch eines: Jeder Mensch hört ‚Stimmen', hört Worte, die in seinem Leben zuvor gesprochen wurden, schöne Worte, tröstende Worte." – „Mir machen meine Stimmen Angst!" – „Möchten Sie denn auf Ihre inneren Stimmen verzichten, auf alle?"

Silvio schaute mich erschrocken an und antwortete in aggressivem Ton: „Deswegen komme ich doch zu Ihnen!" – „Weswegen kommen Sie zu mir? Damit die Stimmen samt und sonders verschwinden?" – „Viele, die meisten sollen verschwinden!" – „Welche sollen denn bleiben?" – „Darüber muss ich nachdenken. Wie war noch einmal Ihre Frage von eben?" – „Ich fragte: Was bringt Sie in Stimmung?"

Viel sei es nicht: das Laufen, das Sonntagsessen bei Vater und Mutter, die stets hilfsbereite und freundliche Schwester. „Und die Liebe?" – „Die gibt es nicht. Nicht in meinem Beruf, bei den Arbeitszeiten." – „Eine Bäckerin zum Beispiel, ein Frauenmensch mit identischem Arbeitsrhythmus?" – „Die sind selten wie Sand am Meer."

Welches Meer meinte er, kannte er? Die Felsküsten oder die steinigen Vulkanstrände oder den blendend weißen Sand der Karibik? Er hatte sich versprochen. Er wünschte sich eine riesengroße, unzählbare Auswahl an Partnerinnen, zahlreich wie „Sand am Meer". „Es gibt auch Verkäuferinnen in Ihrem Beruf, die jung und ungebunden sind." – „Ich habe nur eine und die ist zu jung für mich." – „Wenn sie älter wäre, würden Sie sie dann fragen?" – „Wenn sie keinen Partner hätte, dann vielleicht." – „Ihre Verkäuferin, wie viel jünger ist sie denn?" – „Sieben Jahre." – „Das ist nicht viel. Fragen Sie sie oder fehlt es Ihnen an Mut?" – „Ich kann es nicht." – „Haben Sie Angst, dass sie nein sagt?" – „Ja, vielleicht." – „Was sagt Ihnen denn Ihre innere Stimme dazu?" Er schwieg.

Bei seinem nächsten Besuch fragte ich ihn, ob es wirklich keine bestimmte Person gäbe, deren Stimmen er höre. Erneut verneinte er. „Also sind es Ihre Stimmen, die Sie hören. Menschen, die so sehr allein sind wie Sie, reden mit sich selbst, Tag und Nacht." Ja, nachts beim Träumen würde er auch sprechen, laut und deutlich, habe man ihm berichtet. „Dann lassen Sie ein Tonband laufen und teilen Sie mir mit, mit wem oder über was Sie im Traum gesprochen haben."

Tage später rief er an. Das meiste sei unverständlich gewesen. Und das, was zu hören war, war ein Gespräch mit dem Vater. „Sprechen Sie direkt mit ihm! Fragen Sie ihn, ob er Sie liebt und was er besonders an Ihnen schätzt."

Wochen später berichtete er, die Stimmen würden leiser und der Vater würde besonders sein Sauerteigbrot schätzen. Er fügte hinzu: „Ich spreche jetzt ganz häufig mit meiner Angestellten; sie ist nur sechs Jahre jünger als ich."

Er ist aus dem Schatten der Einsamkeit und der

Angst getreten. Diese Stimmen sind verstummt. Hoffentlich für immer.

Selbst wenn wir sie am liebsten totschweigen möchten, verschaffen sich Angst und Einsamkeit Gehör. Und wer etwas zu sagen hat, möchte, dass wir ihm zuhören. Wenn die Einsamkeit von der Sehnsucht nach einem Menschen spricht und die Angst von Zurückweisung, ist es gut, wenn uns jemand hilft, neben diesen Stimmen auch die Stimme des Lebens zu hören, die die Fülle preist und von Hoffnung kündet.

Kraft-los

Weit mehr als unsere angeborenen Fähigkeiten sind es die Entscheidungen, die zeigen, wie wir leben und wer wir sind.

Er war in meinem Alter und trug eine modisch karierte Hose mit passendem Streifenhemd, dazu Lederschuhe in Schwarz mit kleinem Bommel. Er hatte eine angenehme, warme Stimme, scharf blickende Augen und es kostete Mut und Kraft, diesem Blick standzuhalten. Darin las ich: Aussichtslos ist es, begreife es endlich, Besucher! Sein Händedruck sprach: Dann finde ich mich eben damit ab. Leukämie. Jeder Tag ist gezählt in den Markierungen Leukozyteneinheit.

„Herr Pfarrer", sagte er, „kümmern Sie sich um meinen Nachbarn, der hat's nötig." Der Nachbar, der Nächste, den Nachbarn lieben wie sich selbst – er sprach von sich selbst und ich verstand ihn. Zum Abschied gab er mir die linke Hand. „Meine Rechte ist kraftlos“, sagte er. „Das verstehe ich nicht“, antwortete ich. „Niemand versteht es, kein Arzt, keine Schwester, am wenigsten ich. Und dabei bin ich ohne meine rechte Hand am Ende.“ Aus seinen Worten sprachen Ohnmacht und Zorn. Dann schwieg er und auch ich überlegte, ob ich bleiben oder gehen sollte.

Am nächsten Morgen führten mich meine Sinne und Füße zu ihm. Im Bett lag er, blass, verstört, lang ausgestreckt. Ich nickte ihm zu, passierte sein Bett, trotzte seinem irritierten Blick und wandte mich dem Nachbarn zu. „Gestern hat mich voller Sorge ihr Nachbar zu Ihnen geschickt. Ich war bei Ihnen, aber Sie haben geschlafen, eine Hand auf Ihrem Herzen und ein Lächeln sah ich auch. Als ich Sie so friedlich da liegen sah, wie Sie sacht das malade Herz hielten, da dachte ich: Sie haben es geschafft.“ „Mir geht es gut“, strahlte er. „Geträumt habe ich, dass ich einen Acker umgegraben habe, und kaum war es geschehen, da stand er in vollem Korn. Hernach zog ich einen Wagen aus dem Graben, eine Kutsche, und die Reise konnte weitergehen. Dankbar lachte mir eine Frau aus dem Fenster zu und ließ ein blaues Tüchlein fallen. Und einen Zaun habe aufgerichtet, den der Schnee des Winters umgeknickt hatte. An einem Haus strich ich weiß und gelb Türen und Fenster und obwohl ich gar nicht nähen kann, habe ich mir einen warmen Mantel geschneidert und genäht.“ – „Das klingt wie ein Gedicht, dieser Traum.“ – „Können Sie ihn deuten?“ – „Diesen Traum können Sie leicht selber deuten und haben es bereits innerlich getan.“

Ich wandte mich dem Mann mit der lahmen Hand zu. „Ihnen geht es schlecht und das tut mir Leid, denn ich will nicht, dass Sie leiden. Auch Ihnen gönne ich einen Acker voller Korn, eine Kutsche und einen warmen Mantel." – „Meine Hand wird immer kraftloser", klagte er mit der Stimme eines Kindes und nicht eines Mannes.

Ich hörte mir selbst erschrocken zu und erschrak von Wort zu Wort mehr: „Meine rechte Hand ist voller Kraft. Kräftig kann ich den Hammer schwingen oder den Schläger beim Tennis. Soll ich Ihnen von meiner Kraft abgeben?" Es war still im Zimmer, so unheimlich still, dass wir die Stille hören konnten. Ich bewegte mich auf dünnem Eis, konnte mein Angebot nicht mehr zurücknehmen, so gerne ich es getan hätte. Ganz nah am Abgrund stand ich. „Ja", sagte er.

Und so gab ich ihm die Hand. Danach verließ ich schnell das Zimmer. Ich konnte mit der rechten Hand die Türklinke nicht hinunterdrücken, musste die linke nehmen. Auch im Auto konnte ich mit Rechts nicht schalten. Meine rechte Hand war kraftlos. Morgen würde ich sehen, was mit *seiner* rechten Hand geschehen war.

Liebe und Fürsorge können Kraft auf einen anderen Menschen übertragen. Und Gott gibt Kraft, er überträgt einem Menschen zur rechten Zeit die Kraft, einen anderen zu (er)tragen. Das sind Zeichen seiner Liebe und Fürsorge.

Zurück zu den Anfängen

„Ich kann nichts mehr anfangen mit ihm“, sagte sie. Anfangen! „Wie war es denn am Anfang?“ – „Sie spielen mit dem Wort“, meinte sie. Ein spöttisches Lächeln huschte über ihr schönes Antlitz. „Ich benutze Ihr Wort. Sie haben gesagt, dass Sie mit ihm nichts mehr ‚anfangen‘ können; sie hätten auch sagen können: ‚Ich kann nicht mehr mit ihm leben.‘“ – „Ja, das könnte ich auch sagen.“ – „Aber es stimmt nicht, denn Sie leben mit ihm noch zusammen, sogar im gemeinsamen Ehebett.“ – „Wir schlafen schon lange nicht mehr miteinander.“ Nahtlos fügte sie hinzu: „Ich suche mir eine eigene Wohnung.“ – „Welchen Vorteil hat es? Einen wirtschaftlich sinnvollen sicher nicht.“ – „Ich müsste nicht mehr mit ansehen, wie er leidet.“ – „Welches Ansehen hatte er früher bei Ihnen, an Ihrem gemeinsamen Anfang?“

Ich betrachtete die Frau, wie sie an ihrer Nagelhaut kaute. Eine schöne Frau, die begann, sich selbst zu verzehren. „Was schauen Sie so?“ – Ihre Stimme war laut. „Ich mache mir Sorgen um Sie.“ – „Macht er sich auch.“ – „Wer ist ‚er‘?“ – „Das wissen Sie doch, er, mein Mann.“ – „Das freut mich.“ – „Was freut Sie?“ – „Nun, dass er sich sorgt um Sie und dass Sie ‚mein Mann‘ gesagt haben.“ – „Ist er doch, was sollte ich sonst sagen?“ – „Sie könnten ihn mit dem Vornamen nennen.“ Sie schwieg, ich schwieg. Nach einer Weile stellte ich erneut die Frage: „Euer Anfang, wie war er? Was war schön jenseits der Entdeckungsreisen im Reich der körperlichen Liebe?“ – „Sex haben wir schon lange nicht mehr“, antwortete sie. „Danach habe ich Sie nicht gefragt.“ – „Am Anfang war es schön. Er hatte so viel Zeit für mich. Er war aufmerksam. Er überraschte mich mit Kleinigkeiten, er ..." Sie schwieg wieder. „Und heute? Hat er keine Zeit mehr für Sie? Ist er nicht mehr aufmerksam? Keine kleinen Überraschungen mehr?" – „Nicht mehr wie früher." – „Und wenn er es wieder täte, würden Sie dann bleiben?" – „Ich weiß nicht, eher nicht." – „Sie sagten: ‚eher'. Also sind Sie sich nicht sicher." Sie begann zu weinen.

In der nächsten Sitzung fragte ich sie, ob es einen anderen Mann gäbe. „Eigentlich nicht." – „Also es gibt einen!" – „Es gab einen, aber ..." Ich wartete. „Aber es ist wie mit meinem Helmut damals: Er ist aufmerksam, bringt Geschenke mit, hat Zeit ..." – „Klingt märchenhaft", warf ich ein. „Aber er kam nun schon zweimal zu spät und einmal kam er gar nicht. Da habe ich schnell Schluss gemacht."

Ich wartete eine Weile. „Eben haben Sie gesagt: ‚mein Helmut'", begann ich. – „Legen Sie doch die Worte nicht immer auf die Goldwaage." – „Doch, das tue ich und das erwarten Sie auch, dass ich Ihre Worte schätze, wie einen Goldschatz behandele. Lassen Sie uns einen Schritt nach vorne tun: Möchten Sie, dass es wieder so wird wie mit ‚ihrem' Helmut am Anfang Ihrer Beziehung?" Sie schüttelte den Kopf. „Am Anfang waren wir fast nur im Bett." – „War es schön für Sie?" – Sie nickte. „Ich meine, ob es für Sie persönlich schön war?" – „Ich glaube, ja." – „Sie wissen es nicht mehr?" Erneutes Kopfschütteln. „Haben Sie ihn verführt?" Sie nickte. „Häufig?" Erneutes Nicken. „Warum dann heute oder seit Monaten nicht mehr?" – „Ich weiß nicht." – „Wartet er auf Sie?" Sie nickte. Wir schweigen. Dann sagte sie: „Er tut mir Leid. Er macht es sich selber." – „Sie meinen, er befriedigt sich selber." Sie nickte wieder. „Ist das nicht schrecklich?", fragte sie mich. „Da liege ich neben ihm, wahrlich eine attraktive Frau" – nun nicke ich – „und er muss es sich selber machen, weil ich nichts mit ihm anfangen kann." – „Das ist nicht schrecklich; Selbstbefriedigung ist hilfreich, anders genussvoll und macht uns klug. Schlimm ist, dass er und Sie auf den Hautkontakt verzichten und auch darauf, sich gegenseitig etwas Gutes für Ihre Gesundheit zu tun. Eine Vereinigung ist ein hervorragender Krebsschutz für Vagina und Prostata; darüber hinaus wird das Gehirn mit positiven Botenstoffen gefüttert."

Sie schwieg eine kleine Weile. Dann fragte sie mich: „Was soll ich denn tun, wenn ich nichts mit ihm anfangen kann?" – „Vielleicht wird es Ihnen klarer, wenn Sie das Wörtchen ‚nichts' weglassen. Also: Warum können Sie nicht anfangen?" – „Mit dem Sex?" – „Auch mit dem Sex." – „Ich weiß nicht, ob ich es noch kann." – „So etwas verlernt weder eine Frau noch ein Mann." – „Sie glauben, die Lösung unseres Problems liegt in der Sexualität?" – „Nein, das meine ich nicht. Die Sexualität betrachte ich als donum super additum, als ein zusätzliches Geschenk in einer reifen Liebe. Was ich allerdings meine, ist, dass offensichtlich die Sexualität am Anfang Ihrer Beziehung eine große Rolle gespielt hat. Auch zu diesem Anfang sollten Sie zurückfinden. Aber Sie haben sich doch nicht im Bett kennen gelernt. Bevor Sie sich entschlossen, sich lustvoll zu vereinigen, gab es doch eine Vorgeschichte." Sie dachte nach und sagte: „Wir waren mit dem Motorrad am Gardasee. Er hatte mich eingeladen. Ich saß hinter ihm, spürte seinen starken Rücken. Am Gardasee sind wir spazieren gegangen, in

Riva glaube ich, und dann hat er mich zum Essen eingeladen. Das war schön. Dann landeten wir im Bett. Auch das war schön." Ich lächelte, war froh und glücklich. „Bitten Sie ihn, diese Reise zu wiederholen. Es wird nicht so schön sein wie vor Jahren; es wird anders schön sein – und ein guter Anfang."

Das Glück hängt nicht davon ab, dass alles gleich bleibt. Und ebenso ist ein trauriges Leben nicht unabänderlich, muss nicht gleich bleiben. Nicht stehen zu bleiben, verlangt den Mut zur Veränderung. Aber wer aufbricht – auch den Panzer des Selbstschutzes aufbricht –, kann die Brücke ins Leben betreten, die Brücke ins Licht und in ein glückliches Sein.

Das Brot für morgen

Sie sind müde, ausgebrannt, allein gelassen und fragen sich vielleicht, was „das Ganze" soll, die täglichen Mühen, die Sorgen ums Geld, die Querelen in Familie und Beruf. Worauf soll man sich dann noch freuen?

Wolfgang Borchert schrieb kurz nach dem Krieg eine Geschichte über das Leben: Ein junger Mann kommt nach Kriegsende nach Hause in das von Bomben und Brand zerstörte Hamburg. Der Vater ist im Krieg gefallen, er selbst ist traumatisiert von den schrecklichen Erlebnissen des Krieges, von den endlosen Bombennächten, vom Verlust von nahen Menschen, von der Sinnlosigkeit des Lebens. Der junge Mann beschließt, sich auf dem Dachboden des Mietshauses das Leben zu nehmen. Er hält das Ganze nicht mehr aus, den Geruch des verbrannten Menschenfleisches, den Anblick der Ruinen. Er hat alles vorbereitet: den Stuhl, den Strick mit der Schlinge am Dachbalken. Vor der Dachbodentür hält er noch einmal inne, sieht einen Kratzer, den er als Junge mit einem Schraubenzieher in das Geländer geritzt hat, und hört von unten die Stimme, die freudig der Nachbarin mitteilt: „Mein Junge ist wieder da! Der Krieg hat ihn mir Gott sei Dank nicht genommen. Wie froh bin ich, dass er wieder da ist! Und nun ist er auf dem Weg, das Brot beim Bäcker zu holen, das frische Brot für morgen. Ja, mein Junge holt das Brot für morgen."

Der junge Mann wendet sich vom Speicher ab, wendet sich ab von seinem Vorhaben und steigt langsam die Treppe hinunter, Stufe um Stufe. „Das Brot für morgen! Ich muss ja noch das Brot für morgen besorgen." Sein Gang wird schneller. Die letzten drei Stufen nimmt er mit einem Schritt.

Die Spur im Geländer – ein Zeichen für die Spuren, wie wir im Leben hinterlassen haben. Das Brot für morgen – ein Symbol für die Zukunft, für Leben, das inmitten der Sinnlosigkeit gelebt werden will. Wir können das Leben nicht machen, es ist größer als wir. Und das Leben will auch inmitten dessen, was uns sinnlos erscheint, gelebt werden. Dieser Urkraft des Lebens gilt es zu vertrauen.

Schön hässlich

In vierzehn Tagen sollte sie entlassen werden, vielleicht sogar schon in zwölf, aber sie ging schon nach acht Tagen. „Am Mittwoch habe ich gehört, wie sie mit meiner Bettnachbarin gesprochen haben, und seitdem weiß ich, dass es kein Virus ist, das mein Auge verunstaltet." – „Was ist es denn?" – „Sagen *Sie* es mir bitte." – „Sie meinen, ich soll es für Sie aussprechen? Sie wissen, ich bin kein Hautarzt." Sie nickte. „Nein, ich werde nicht sagen, was ich vermute. Sie müssen sagen, was zu sagen ist. Lassen Sie es heraus, sonst bahnt es sich einen anderen Weg."

Sylvia ist zweiundzwanzig Jahre alt. Von Kind an war sie mit schönen Dingen umgeben. Kleider machen Leute, sagt man. Kleider bestimmen ihr Leben. Zwei Geschäfte mit exquisiter Mode besitzen ihre Eltern und Ästhetik ist ihr Metier. Eben eine Sache für das Auge. „Mir geht es gut, ging es gut, ich könnte so zufrieden sein", meinte sie.

Am Wochenende besuchte sie ihr Freund aus Norddeutschland und dann plötzlich eine Gürtelrose am Augenlid. Sie war einäugig für eine kleine Zeit. Nur noch die Hälfte sah sie, auch nur die halbe Wahrheit. „Was wollten Sie nicht sehen?", fragte ich sie. Sie verstand mich nicht. „Was fehlt Ihnen zum Glück?" – „Nichts." – „Das ist nicht wahr, glaube ich, hoffe ich."

„Mein Freund", begann sie plötzlich, „mein Freund wird oft beinahe wahnsinnig und dann böse mit mir, wenn ich mit ihm spazieren gehe und ich sage: Guck mal, die ist viel schöner als ich und die dort erst. Verdammt noch mal, hat er gesagt, du bist schön, schöner als alle anderen." – „Wann hat er das gesagt?" – „Am Samstag." – „Sie glauben ihm also nur manchmal."

Ein Schwert hat sich in dein Herz gebohrt, Sylvia, weil du es aus einem alten Schrank genommen hast, um es in dein Herz zu stoßen. „Was fehlt Ihnen zum Glück?", fragte ich erneut. „Ich bin nicht zufrieden mit mir." – „Sie wollen die Schönste sein?" Sie nickte. „Das ist dumm von mir, nicht wahr? Und jetzt bin ich hässlicher als zuvor. Ist das nicht seltsam?"

„Sylvia, es hat seinen Grund, dass sich die Gürtelrose am Auge zeigt. Jede Krankheit kann auch ein Weg sein. Ich gehe davon aus, dass Sie noch nie so lange und gründlich über sich selber nachgedacht haben wie seit Sonntag." – „Seit Mittwoch." Ich schaute sie fragend an. Sie zögerte und sagte dann: „Am Mittwoch habe ich mitgehört, was Sie zu Frau K. gesagt haben, nämlich dass sie einmalig sei, einzigartig und auch schön. Ich habe gespürt, dass Sie selbst mit einem schönen Menschen zusammen leben und wissen, wovon Sie reden, wenn Sie von Schönheit sprechen." „Das stimmt", erwiderte ich, „aber das ist jetzt nicht das Thema. Lassen Sie uns von Ihrem Auge sprechen. Ich behaupte, es gibt etwas, was Sie nicht sehen wollen. Das Auge hat Sie aus Ihrem Lebensrhythmus geworfen, damit Sie zur Ein*sicht* kommen. Diese Behinderung hindert Sie daran, so weiter zu leben, wie es bisher war. Ich möchte Ihnen ein Märchen erzählen."

Und ich erzählte ihr das Märchen von der Gänsemagd, erklärte, dass Prinzessin und Zofe ein und dieselbe Person sind und dass es ein sehr schweres Schicksal ist, immerzu schön sein zu wollen. Damit überlebt man nicht. Überleben kann man nur, wenn man auch den anderen Teil in sich wahrnimmt und akzeptiert, den hässlichen, den aggressiven. Nur wer den Schmutz und die Gewalt nicht scheut, kann sich wehren und sich gegen das Böse durchsetzen. Beides gehört zusammen und die Einheit von beidem macht wirklich schön.

Sie lachte, so froh war sie. „Und ich brauche mich gar nicht anzustrengen?“ – „Ich denke, nein. Aber beginnen Sie langsam mit der neuen *Sicht*weise.“

Als man mir später erzählte, dass sich die Gürtelrose langsam zurückbildete und sie das Auge öffnen konnte, da freute ich mich.

Wenn nach langer Zeit Regen auf eine dürre Wiese fällt, langsam, zärtlich und beständig, dann erwacht in der feuchten Erde Leben und verwandelt sich das braungelbe Trauerfeld in einen blühenden Garten und in einen Tummelplatz für Bienen und Käfer, für Fliegen und Mücken – ein Fest für das Auge. Schon im Regen und in der Dürre die kommende Pracht und das Leben sehen zu können, ist eine wunderbare Gabe für den Menschen. Manchmal müssen uns dafür die Augen geöffnet werden.

Ja, Thomas lebt!

Thomas ist sieben Jahre alt. Vor einigen Tagen verunglückte er beim Überqueren der Straße so schwer, dass die Ärzte ihm keine Chance mehr gaben, je wieder ein „normaler“ Junge zu werden; zu schwer waren seine Gehirnverletzungen.

Ganz lange, sechs Nächte und sieben Tage, hatte Thomas geschlafen, zuletzt mit so flachem Atem, dass sie von ihm Abschied nahmen, obwohl er noch lebte. Er hörte nicht das Jammern der Mutter, ihre alles überdeckende Resignation, als man ihr mitteilte, dass Thomas, wenn er denn überlebte, ein Leben lang geistig behindert bleiben würde. Später allerdings konnte er sich an zwei Träume erinnern, die er wohl in endloser Regelmäßigkeit geträumt hatte: Jemand tätowierte seine weiche, weiße Haut und er verspürte Schmerz und Lust. Und in dem anderen Traum sah er einen Stein, den ein blaues Meer an den Strand gespült hatte, sah ihn in der Sonne spröde werden und sah, wie er brach und Blut aus ihm hervorlief.

Als er aufwachte und verwundert um sich sah, wurde sein Erschrecken über die Geräte und Schläuche gemildert durch den Anblick einer Frau, die neben seinem Bett saß und strickte. Das Klappern der Nadeln beruhigte ihn. Zuerst sah er ihre Finger und dann erst ihr Gesicht, als sie sich über ihn beugte. Er sah, wie sich ihre Lippen bewegten, und vernahm den Satz: „Thomas, ich habe gewusst, dass du zu dir kommst." Den Sinn des Satzes konnte er nicht verstehen, wohl aber ihr freudevolles, leises Lächeln.

Thomas wollte antworten, aber aus seinem Mund kamen keine Worte. Keinen einzigen Laut konnte er formen. Er schloss die Augen und weinte mit geschlossenen Lidern. Dann schlief er ein und träumte von einer Biene, die die Symmetrie ihres Baus verließ, um Wasser zu suchen. Weit flog sie durch den scharlachroten Morgen zum goldenen Mais, zum ewig grünen Klee, erreichte den Tümpel, tauchte ein und trank, sog sich voll, mitzunehmen die nasse Botschaft, um danach den anderen tanzend den Weg zum Leben zu zeigen.

Als er aufwachte, war die Frau über ihn gebeugt und sprach: „Du hast Durst, aber ich darf dir nichts zu trinken geben. Die Schläuche geben dir zu trinken. Aber ich werde deinen Mund ausspülen.“ Sie nahm ein Wattestäbchen, tauchte es in ein Glas Wasser, betupfte seine Lippen und seine Mundwinkel. Thomas öffnete weit den Mund. Die Frau nahm drei Stäbchen zusammen, tauchte sie in das Wasser und befeuchtete seinen Mundraum. Er glaubte, noch nie etwas so Schönes gefühlt zu haben, und hielt still. Er wollte sich bedanken, aber er konnte nicht sprechen. Eine Hand legte sich zärtlich auf seine Stirn und er wusste, dass er nichts sagen musste. Thomas schlief süß und sacht ein.

Als er aufwachte, saß die Frau neben ihm, schaute ihn an und sprach mit ihm. Ihre Worte konnte er nicht verstehen, aber er spürte, dass sie ihm Gutes wollte. Von nun an kam die Frau regelmäßig. Nicht jeden Tag kam sie, aber Thomas wusste mit der Unerschütterlichkeit eines Felsens, dass sie wiederkommen würde. Eine leise Ahnung wurde zur Gewissheit: Es wird gut werden. Es wird nicht werden wie vorher, aber es wird eben anders gut werden. Die Gewissheit wuchs und wuchs, so wie die Wüste weiß, dass eines Tages der Regen kommen wird, oder die Insel beim Untergang der Sonne weiß, dass am Morgen das Meer wieder da sein wird, mit Blau und mit Schaum gegen die Felsen schlagend.

Thomas entwickelte einen Hunger nach ihren Berührungen, nach ihrem Lachen, nach ihrem Blick und ihrem Duft. Er blieb geistig behindert, aber er wurde gesund.

Zum Vertrauen ins Leben können Menschen helfen, die bei uns bleiben, denn allein mit uns wären wir in schlechter Gesellschaft. Selbst wenn Worte den andern nicht erreichen, wenn Menschen sich in unterschiedlichen Welten zu befinden scheinen, ist es gut, füreinander da zu sein, einfach da zu sein.

Peter, der Höhlenmensch

Es gibt Menschen, denen das Leben zum Grab wird, mit denen wir nichts mehr zu tun haben wollen, weil wir Angst vor ihnen haben. Peter legt ein Verhalten an den Tag, das uns befremdet, sodass wir ihn von uns entfernen möchten, weil er uns Furcht einflößt. Die Klugen unter uns wissen, dass ein solches Verhalten eine Botschaft ist und er uns mitteilen möchte, dass er unter sich selbst leidet.

Peter bewohnt eine Höhle in einem kleinen Wäldchen. Er lebt an einem Ort, wo kein Gesellschaftsleben mehr ist, und er fühlt sich den Toten offenbar verbundener als den Lebenden. Er hat einen kleinen Friedhof für überfahrene Hunde, Katzen und Vögel angelegt. Er ist ein Untoter, verzweifelt darüber, dass er nur noch den Tod vor sich sieht und dennoch selber leben muss. Sein einziger Wunsch besteht wohl darin, sterben zu können.

Peter leidet nicht nur an sich allein, sondern an den Menschen, die ihn wie einen Besessenen behandeln. Das vergrößert sein Misstrauen der Welt gegenüber noch mehr. Da gibt es zwar von offizieller Seite ein paar Hilfsangebote und einige wenige wollen ihm helfen, wenn sie ihn zufällig vor dem Supermarkt sehen. Er lehnt alles ab und verstärkt seine Kontaktabwehr nur noch. Und die ihm etwas zustecken, die betrachtet Peter als Freiheitsräuber und Feinde, weil sie Bedingungen zu formulieren scheinen. Dabei sagen sie gar nicht, was er hört: „Ich helfe dir, aber dann musst du wenigstens ...“ Nein, gegen solche Zumutungen muss er seine Freiheit verteidigen bis zum Äußersten.

Aber eines Tages ist da die alte Frau, die ihn beim Beerenpflücken im Wald trifft. Sie bleibt stehen und rennt nicht davon, wie es die meisten tun, wenn sie ihm begegnen. Sie bleibt stehen, lächelt ihm zu und bietet an, ihm beim Pflücken zu helfen. Später berichtet Peter, wie er sie angefleht hat, ihm nicht zu helfen. Sie soll ihn in Ruhe lassen und ihn nicht quälen. Er brauchte wohl seine „Krankheit“ aus Angst vor einer heilenden Begegnung, aus Angst vor der Wahrheit.

„Aus Angst bin ich zu einem Sünder geworden“, sagt er später und meint: Aus Angst habe ich mich von Gott abgesondert. Ich wusste, was mich hätte retten können, aber genau davor habe ich mich gefürchtet. Ich hatte Angst, dieses Leben zu verlassen. Heute weiß Peter, dass es nicht Gottes Wille ist, vor der Macht des Bösen und der Angst zu kapitulieren.

Warum hat er Vertrauen zu der alten, namenlosen Frau gefasst? Peter erklärt es so: „Wer bist du? Mit diesen Worten begrüßte sie mich. Ich musste weinen und habe alles erzählt, was in meinem Inneren war. Danach haben wir zusammen Beeren gepflückt. Wir saßen auf einem Baumstamm und aßen von den Früchten des Waldes. Auf einmal stand sie auf und murmelte irgendetwas vor sich hin. Ich dachte, sie müsse Wasser lassen. Aber sie kam nicht zurück. Ich weiß nicht, wer sie ist. Ich habe sie nie wieder gesehen."

Manchmal müssen wir alles Alte loslassen, alles aussprechen, was uns von uns selbst entfremdet. Dazu brauchen wir einen Menschen, zu dem wir Vertrauen haben. Vertrauen wächst langsam, kann aber auch wie Liebe auf den ersten Blick ein Geschehen sein, das plötzlich Leben ermöglicht.

4

Unerwartete Wege

Das Leben ist keine mathematische Formel und die Liebe ist keine auszurechnende Fläche. Das Leben, Gott, sind weiter und tiefer, als wir denken können. Träume können Türen öffnen. Und eine der besten Waffen gegen eine graue Wirklichkeit ist die Fantasie. „Wo kämen wir hin, wenn alle sagten, wo kämen wir hin? Und niemand ginge, einmal zu schauen, wohin man käme, wenn man ginge.“ (Kurt Marti) Manchmal muss man unerwarteterweise von zu Hause weggehen, um heim zu kommen und dort den Menschen zu tref fen, dessen Wesen wir lieben und erreichen: uns selbst.

Das große Glück des armen Harry

Danach, Wochen später, überlegte Harry wieder und wieder, ob wirklich stimmte, was er seiner Mutter an jenem Sonntag gesagt hatte, oder ob er es sich nur einbildete. „Ich habe so ein komisches Gefühl, mir passiert heute was. Es ist so heiß und der Helm macht mich benommen." Die Mutter hatte gelacht, zumindest gelächelt hatte sie: „Ach was, Harry, dir wird doch nicht schon wieder etwas passieren. Wenn du aber Angst hast, dann bleibe doch hier oder laufe die paar Meter." In seine Seele fuhr ein eisig-kalter Windstoß. Mit einem Lächeln hatte seine Mutter ihn an etwas erinnert, an das er partout nicht denken wollte. Dabei hätte er wissen können, dass man der Sonne nicht verbieten kann zu scheinen und dem Regen nicht, sein Nass zu verschenken.

Den letzten Unfall hatte er wohlverpackt, wie er glaubte, in eine hintere Kammer seiner Seele gesperrt, mitten im Leben hatte er ihn begraben, obwohl er von dem Blut wusste und dem Schmerz, brennend wie Feuer, als er damals auf die Straße schlug und verletzt liegen blieb. Vergessen, nur vergessen, das hatte er sich gewünscht.

Draußen war es heiß. Die Sonne, nach der wir uns sonst sehnen, brannte unbarmherzig herab. Harry fuhr auf die Kreuzung zu. Tausendmal zuvor war er schon auf eben diese Kreuzung zugefahren; er kannte sie wie ein Fischer das Holz seines alten Kahns und die Nähte der Segel. Ganz deutlich sah er den Pkw-Fahrer, der sich vorsichtig näherte, obwohl ihm die vorfahrtberechtigte Straße gehörte. Harry fuhr ähnlich langsam und spielte das Spiel „Den Fuß nicht auf den Boden setzen".

So langsam und vorsichtig fuhr er, dass er die Hitze des Tages und die Strahlen der Sonne wie Schläge spürte. Er fuhr auch nicht schneller, als der Pkw die Kreuzung verlassen hatte, sondern schaute noch einmal in beide Richtungen der vorfahrtberechtigten Straße. Die Straße war leer. Eine Idee schneller fuhr er – und stieß wenige Zentimeter vom Mittelpunkt der Kreuzung mit einem zweiten Pkw zusammen.

Harry flog durch die Luft. Noch bevor sein Körper den Boden berührte, noch bevor sein Kopf die Kante des Gehweges schrammte, wusste er, dass nun die Dürre beginnen, der Schmerz ungebeten wiederkommen und Netze ihn fesseln würden. Eine halbe Ewigkeit war es ganz still, so still, dass er die Stille hören konnte. Und mitten auf der Fahrbahn sah er den Wolf mit der blutigen Zunge und den glanzlosen Augen.

Sie sagten später, er sei sofort bewusstlos gewesen. Nichts hätte er mehr mitbekommen. Wieso konnte er dann den Wolf sehen? Viel Glück hätte Harry gehabt, Harry, der nun ein zweites Mal verunglückte, wieder an einer Kreuzung, der wieder gegen ein graues Auto fuhr, wieder um die gleiche Zeit bei unbarmherzig sengender Sonne.

Die Wahrheit ist, dass Harry alles hörte und spürte, was geschah: Er hörte einen Schrei, der wie das Bellen eines Wolfes klang; einen Vulkan sah er explodieren und das Rot war wie das Rot von tausend Rosen auf dem Grab der Geliebten; seine Mutter hörte er „mach's gut, mach's gut, mach's gut“ rufen; eine riesige Welle sah er gegen die Felsen schlagen und als sie sich zurückzog, wimmelte der Fels von Fischen und Krebsen und Tintenfischen. Er hörte kleine Schreie aus mit Daumenballen zugepresstem Mund gemurmelt und den Sinn des Satzes: „Der ist hin!“ Nein, schrie alles in ihm, ich lebe doch und will leben. Noch fehlt mein Name nicht unter den Lebenden und ich will doch leben.

Die Ärzte sagten später, es sei ein medizinisches Wunder, ein Rätsel gar, dass er überlebt hatte. Aber so geschah es. Er wollte ja leben. Und da gab es wohl einen Engel. Obwohl bewusstlos, spürte Harry seine Nähe, den Glanz, der von einem hoffenden Herzen ausgeht. Er hörte eine Stimme sprechen, ruhig, langsam, stetig, warm. Da öffnete jemand mit einem Schlüssel eine Tür.

Er spürte die Hände des Mannes, die den Lederhandschuh seiner linken Hand abstreiften, so sanft und schmerzlos, wie man ein kleines Kind ankleidet. Im tosenden Meer seiner Ohnmacht war die Stimme wie eine singende Muschel. Eben noch hätte Harry trotz des Tages Hitze vor Kälte weinen mögen; noch vor wenigen Augenblicken war sein Lebenswille eine vom Meer zerstörte Sandburg. Nun, da er die Stimme des Mannes hörte und seine Hand wie Lippen aus Samt auf seiner Haut spürte, da wollte er nicht sterben. Er hatte einen Hunger nach der Stimme und der Hand, einen Hunger, wie er ihn seit Kindertagen nicht mehr gespürt hatte. Nichts anderes wünschte er sich, als dass der Mann bei ihm bleiben möge, wenn man ihn in ein Hospital fortschaffte, damit er weiterreden konnte und ihn streicheln für und für. Sein Verlangen war heißer als die Lava des Vulkans, den er gesehen hatte.

Der Mann blieb bei ihm. Harry schlief ganz ruhig ein, wusste er doch: Ich bin nicht allein. Und so überlebte er und niemand außer Harry konnte später das Wunder beim Namen nennen.

Unsere Gefühle sind Wahrheiten, die Gefühle, die uns vor etwas warnen wollen, und ebenso unsere Gefühle, die uns hoffen lassen, wenn die Vernunft uns nichts mehr sagen kann. Wir sind eben nicht nur vom Kopf her klug.

Pontens gute Stube

Ich wollte meinen Augen nicht trauen. An der Zimmertür hing doch tatsächlich ein kalligraphisch gestaltetes Schild: Pontens gute Stube. In diesem Zimmer lag ein schmächtiges Männlein undefinierbaren Alters. Er strahlte mich an, als wäre ich sein wiedergefundener Sohn, als hätte er eine Straße aus dem Ödland zur Küste gefunden. „Willkommen in Pontens Stube", waren seine ersten Worte. Und die zweiten: „Ich bin die Seele der Station."

Vom Nachbarbett – wir waren nicht allein, stellte ich erst jetzt fest – tönte eine rheinländisch gefärbte Stimme: „Dat is unser Ponten, dä kann reden." Wie alt er denn sei, wollte ich wissen. Siebenunddreißig meinte er schmunzelnd. Ich schwieg und wartete. Seine Hände machten eine Drehbewegung, als wolle ein Trainer beim Volleyball einen Spieler auswechseln. „Dreiundsiebzig, umgekehrt, nicht siebenunddreißig." Und seine Augen fragten, ob ich nicht doch für einen kleinen Augenblick vermutet hätte, er wäre zumindest Jahrgang 37.

Er trug eine dicke Brille und erzählte mir, dass sein linkes Auge ohne Pupille sei. Der Krieg, wissen Sie, und dann bei der Ernte ein Strohbündel, ritsch habe es gemacht. Immerhin wären die Tränendrüsen noch in

Ordnung. Glück habe er gehabt, viel Glück. Landwirt sei er und Gastwirt. „Wie lange müssen Sie denn bleiben?", wollte ich wissen. Fröhlich funkelten mich die Augen an, beide, wie ich für einen Moment glaubte, und dann sagte er: „Das letzte Mal waren es neun Monate und davor schon einmal über ein Jahr und jetzt bin ich schon ein paar Wochen hier."

Er erzählte vom defekten Auge, vom defekten Darm, von Kraterlöchern in den Beinen, erzählte von Operationen und Operationen und ich zählte die Monate und Jahre zusammen und kam auf zwanzig Jahre Krankenhausaufenthalt. Ich zuckte zusammen, als er sagte: „Das hier ist meine Ecke, hier liege ich immer. Das Schild an der Tür nehme ich mit, wenn ich nach Hause gehe, und bringe es zurück, wenn ich wiederkomme. Die kennen mich hier alle. Der Professor hat mir sogar auf die Schulter gehauen, als ich sagte: noch fünfzig Jahre."

Ich blickte den strahlenden alten Mann an, sah seine Ecke (kein Fenster, nur der Blick zur Tür), sah eine leere Wand. Er folgte meinem Blick, erklärte dann, dass da sonst ein Bild hinge von seinen Kindern und Enkeln, aber diesmal hätte er es nicht mitnehmen dürfen. „Wissen Sie, meine Alte, klein ist sie, dick und giftig, sie sagt, sie will das nicht mit den Bildern, sonst täte ich noch länger hier bleiben."

„Sie scheinen sich hier offensichtlich wohl zu fühlen?" Sein Nicken war so heftig, dass die Brille verrutschte. Ein Tropfen Speichel floss aus seinem Mund, ein winziger Tropfen auf seine krumme alte Hand. Mit meinem Daumen streichelte ich die Hand und verrieb den Tropfen. Herr Ponten sprach nun vom Krieg. Glück habe er gehabt, so viel Glück. „Und das Auge?" Auch das sei Glück, denn es hätten ja beide sein können, das Leben sogar. Seine Brüder tot. Und nur eine ganz kleine Zeit der Internierung und Gefangenschaft. Von so weit her sei er zu Fuß durch die Felder nach Hause gegangen, im August und durch die heimischen Wälder, und dann habe er seinen Vater gesehen. „Und der hat sich gefreut." Herr Ponten nickte und begann zu weinen, nässte meine und seine Hand. Er schniefte und krümmte sich im Bett wie ein Baby im Bauch der Mutter. „Es war ein warmer Tag, Herr Doktor, so wie heute. Heute ist es doch auch warm, oder?" „Sehr sogar", antwortete ich. „Sie gehen?" – „Ja, ich will jetzt gehen, aber ich komme wieder, wenn Sie es möchten." Und ich ging und ließ ihn allein in seiner guten Stube, in seiner kleinen kahlen, guten Stube.

Sich in der Krankheit einzurichten, kann eine Flucht sein, um sich dem Alltag nicht mehr stellen zu müssen. Sich mit der Krankheit einzurichten, kann jedoch geradewegs ins Leben führen. Und wer im Leben steht, kann es auch mit seiner Krankheit aufnehmen.

Die alte Frau und die Beichte

Eine alte Frau möchte im Kölner Dom früh um 6 Uhr zur Beichte gehen, weil der Dom um diese Zeit so schön leer ist und ihr Lieblingspriester regelmäßig Dienst tut. Diesmal ist der Beichtstuhl allerdings bereits belegt uns so setzt sich die alte Frau in die erste Bankreihe des großen und wunderschönen Kirchenraumes, um zu warten, bis sie an die Reihe kommt.

Im Beichtstuhl spricht unterdessen der Priester mit einem jungen Mann. „Ich kenne Ihre Stimme ja gar nicht. Sind Sie nicht aus Köln?“ – „Nein, Hochwürden, ich bin nicht aus Köln, ich bin auf der Durchreise, weil ich hier in einem Varietee arbeite.“ – „Was ist das denn, ein Varietee? Ist das etwas Sündiges, was Verbotenes, Rotlicht oder so?“ – „Beileibe nicht, Hochwürden, ein Varietee ist eine Kleinkunstbühne. Wir haben einen Bauchredner, eine Zauberin, einen Jongleur ...“ – „Und Sie, was machen Sie in diesem Varietee?“ – „Ich bin ein Bodenakrobat“ – „Ja, was ist denn das schon wieder?“ – „Nun, ich komme auf die Bühne, laufe auf den Händen, springe einen Salto nach dem anderen, kann meine Füße hinter meinem Kopf kreuzen ...“ Der Priester schlägt die Hände über dem Kopf zusammen: „O Gott o Gott! Wie das wohl gehen mag? Ich kann mich überhaupt nicht daran erinnern, dass wir so etwas früher auf der Priesterakademie gelernt hätten!“ – „Hochwürden, Sie sind ja wahrlich neugierig. Wenn Sie mal sehen möchten, was ich als Bodenakrobat dem Publikum biete, dann zeige ich es Ihnen gerne im Anschluss an die Beichte und wenn Sie wollen, gleich hier im Altarraum. Der ist groß genug und der liebe Gott wird auch nichts dagegen haben.“ – „Dagegen hat der liebe Gott sicher nichts, denn der ist ja weiter, als wir denken können. Aber erst die Beichte, dann zeigen Sie mir bitte Ihre Bodenakrobatik.“

Und so geschieht es. Nach der Beichte verlässt der Akrobat den Beichtstuhl. Die alte Frau erhebt sich bereits erwartungsvoll in dem Glauben, nun wäre sie an der Reihe. „Einen kleinen Moment noch“, bittet der Priester. „Der junge Mann ist noch nicht ganz fertig.“

Der Artist legt allen Ehrgeiz darein, sein bestes Repertoire zu zeigen. Nach einer Weile des Beobachtens klatscht der Priester in die Hände und sagt: „Es ist gut. Nun können Sie gehen!"

Atemlos betritt die Frau den Beichtstuhl und bevor der Priester überhaupt etwas sagen kann, keucht sie: „Hochwürden! Egal wie stark ich gesündigt habe, aber diese Buße legen Sie mir bitte nicht auf!"

Es gibt im Leben mehr zu tun, als dessen Lauf zu beschleunigen, sagte einst Mahatma Gandhi. Aber allzu oft sind wir mit unseren Deutungen viel zu schnell, sortieren in Schubladen, beziehen etwas auf uns, was einem anderen gilt, und glauben, alles verstanden zu haben. Aber das Leben ist viel reicher als unser beschränktes Gesichtsfeld und die wahre Schönheit und den tiefen Sinn erkennen wir oft erst beim zweiten oder dritten Hinsehen.

John und Michael oder das späte Glück

Man fand die Zwillinge verschmutzt und völlig verstört in einer Gasse von New York und brachte sie in die Neuropsychiatrie. Einer der Pfleger erkannte sie, weil er die beiden auf einer Bühne eines Theaters in Atlantic City erlebt hatte. Sie traten als „kluge Idioten" (savants) auf und unterhielten während der Pausen das Publikum. So vermochten sie auf Zuruf den Wochentag eines beliebigen Datums zu nennen, wussten, wann im Jahre 2012 oder 2222 die Ostertage liegen und sogar was sich an diesem oder jenen Tag in ihrer Stadt ereignet hatte: Unfälle, Geburten, Todesfälle. Und dies mit absoluter Präzision. Irgendwann wurde man ihrer überdrüssig, man verkaufte sie an einen Rummelplatz, wo sie ihr Dasein fristeten, bis sie auch dort nicht mehr „lohnend" war. Da überließ man sie ihrem Schicksal.

In der Psychiatrie saßen John und Michael, so hießen die beiden, meist in einer Ecke und sprachen miteinander, mit niemandem sonst, auch nicht beim Essen. Eines Tages eilte der dort arbeitende Arzt Oliver Sacks an den beiden vorbei und stieß aus Versehen eine Streichholzschachtel vom Tisch. Sie öffnete sich beim Fallen öffnete und als er sich bückte, um die Streichhölzer aufzuklauben, da hörte er John sagen: „Siebenundzwanzig." Michael wiederholte: „Siebenundzwanzig" und John rief fast triumphierend: „Siebenundzwanzig." Oliver Sacks zählte nun die Hölzchen Stück für Stück zurück in die Schachtel. Es waren 111 Streichhölzer. Die beiden hatten mit einem Blick tatsächlich nicht nur die Gesamtzahl der kreuz und quer liegenden Hölzchen erkannt, sondern diese auch noch in die drei Faktoren geteilt: 3 x 27 =111!

Neugierig geworden, verbarg sich Dr. Sachs am nächsten Tag hinter eine Zimmerpflanze und schrieb mit, was die beiden sich erzählten. Es waren keine Worte, sondern nur fünf- und sechsziffrige Zahlen. Jedes Mal, wenn John eine solche Zahl nannte, lachte Michael. Und wenn Michael eine Zahl nannte, lachte John. Oliver Sacks fiel auf, dass die Zahlen samt und sonders ungerade waren, und vermutete, dass es sich um Primzahlen handeln könnte. Und so war es in der Tat.

Primzahlen sind nicht nur in der Mathematik von Bedeutung, sondern auch wichtig für Physik und Astronomie. Die Lehrbücher enthielten Listen mit bis zu zehnziffrigen Primzahlen, der damalige IBM-Computer hatte bis 17 Ziffern gerechnet. Oliver schrieb ein paar sieben-, acht- und neunziffrige Zahlen auf einen Zettel und hockte sich dann neben die Zwillinge. Sie wichen erschrocken vor so viel Nähe zurück und wollten gar die Wand aus dem Haus drücken. Aber Oliver lächelte nur, schwieg und wartete einfach ab. Schließlich vergaßen die Zwillinge seine Anwesenheit und fuhren mit ihrem Zahlenspiel fort. In eine Pause warf Dr. Sachs, heimlich von dem Zettel ablesend, eine siebenstellige Primzahl in den Raum. John und Michael schauten sich erstaunt an, bedachten den Arzt mit einem dankbaren Lächeln, rückten näher und „schenkten" ihm eine neue siebenstellige Primzahl; Oliver nannte eine achtstellige, die beiden eine weitere, dann eine neunstellige, eine zehnstellige – und wie in einem Rausch nannten sie, freilich immer müder werdend, siebzehnstellige Primzahlen, die der Computer erst ein Jahr später berechnen konnte!

Von dem Tag an öffneten sich die Zwillinge, sprachen hin und wieder mit Pflegern, Ärzten und Mitpatienten. Ihr Gesundheitszustand verbesserte sich ebenso wie ihr Aussehen und sie fassten so viel Vertrauen in das Leben, dass sie bei einem wissenschaftlichen Kolloquium wertvolle Impulse geben konnten. Und fortan wurden sie mit Würde und Respekt behandelt.

Jeder Mensch ist etwas Besonderes und vermag etwas Besonderes zu tun. Und jeder Mensch ist auf die eine oder andere Art „behindert", mal sichtbar, mal unsichtbar. Vertrauen ins Leben gewinnen wir dadurch, dass uns jemand aufmerksam und liebevoll in unserer Einmaligkeit wahrnimmt und uns aus dem Ghetto unseres Alleinseins begleitet.

Rumpelstilzchen wird entzaubert

Sie alle kennen das Märchen von der schönen Prinzessin, die unter allen Umständen den Namen jenes Koboldes herausfinden musste, der ihr Leben bedrohte. Nur wenn ihr das gelang, würde sie von diesem schrecklichen Fluch befreit. Sie selbst konnte das Rätsel nicht lösen, zu ungewöhnlich war der Name. Und auch sonst niemand konnte ihr niemand helfen – nur ein junger Jäger, der den Kobold zufällig belauscht und gehört hatte, wie jener sprach: „Ach wie gut, dass niemand weiß, dass ich Rumpelstilzchen heiß." Und als die Prinzessin dem Kobold seinen Namen ins Gesicht sagte, war sie von dem Fluch befreit.

Psychologen bedienen sich des Märchens, um Hilfesuchenden zu vermitteln, dass es hilfreich und bisweilen lebensrettend sein kann, über Ängste zu reden und sie korrekt beim Namen zu nennen. Die katholische Kirche hat das früh erkannt und die Beichte als Möglichkeit betrachtet, sich von Qualen zu befreien.

Das Märchen ist eine Botschaft an das Vertrauen. Vertrauen kann in dem Mut bestehen, gegen das schier Unmögliche anzugehen, aktiv zu werden und nicht aufzugeben – trotz aller Zweifel. Vertrauen kann zu dem Glauben an das führen, was wir den „Zufall" nennen. Manchmal ist der Zufall genau das, was uns zur rechten Zeit zufällt.

Und wer seine Angst beim Namen nennt, kann sie überwinden.

Gretel kommt über den Fluss

Mein Bruder ist so dumm, dachte Gretel, als sie ihn ratlos und verzweifelt am Ufer stehen sah. Da hat er die Taschen voller Geld und Juwelen aus dem Haus der alten Hexe, aber er kommt nicht über den Fluss. Wie töricht ist sein Gejammer: „Keine Brücke und kein Steg!“ Das sehe ich doch selber.

Nichts hat er begriffen. Als die Eltern uns aus dem Hause in den Wald schickten, da hat er alles versucht, um zurück ins Nest zu kommen. Die Spur, die er mit Steinen gelegt hat, das ging ja noch, obwohl auch das ziemlich dumm war. Dadurch dass wir nach Hause zurückfinden, gibt es doch nicht mehr Brot, an dem es uns angeblich für Vater, Mutter und uns beiden fehlt. Dabei ist doch Brot genug da. Schließlich hat er doch beim zweiten Mal und lange nach dem ersten Versuch der Eltern Brotbröckchen als Spur verteilt, also gab es doch noch Brot im Haus. Und in seinem blinden Eifer, wieder nach Hause zu kommen, verstreut er diese Liebesgabe an die Vögel, die alles aufgefressen und uns damit der Spur beraubt haben. Hat dieser einfältige Bruder denn nicht gesehen, dass der Wald voll tausend Vögelein ist?

Nun stehen wir hier und müssen über den Fluss, um nach Hause zu kommen. Er schaut mich an, als müsse ich ihm helfen wie eben im Haus dieser bösen Frau, die so tat, als wäre sie lieb, die uns anfangs verwöhnte, damit wir auf sie hereinfallen. Nun gut, mein Bruder wollte ja ewiges Baby bleiben – und prompt wurde er von der Hexe in den Laufstall gesteckt und gefüttert. Zum Fressen gern – jetzt habe ich verstanden, dass diese „Liebe“ nicht meinem Bruder galt, sondern der bösen Frau selbst. Mich hat sie früh geweckt und mich auf die Knie gezwungen, damit ich die Böden schrubbe. Von Krebsschalen habe ich mich ernähren müssen. Nun gut, damit kann ich leben. Ich habe die Welt von unten gesehen. Vorbeugen soll ja auch besser sein als heilen. Und in den Schalen war ja noch ein Fitzelchen Fleisch und das Kalium wird meine Knochen stark machen.

Ich habe die Hexe, diese egoistische Frau, in den Ofen gesteckt. Ich habe meinen Bruder befreit und gerettet. Leider habe ich mich dann noch überreden lassen, das Haus nach Geld und Gold zu durchsuchen. Nun stehen wir hier und kommen nicht auf die rettende andere Seite. Oder doch?

Gretel lässt ihre Augen schweifen, erblickt am gegenüberliegenden Ufer eine Ente und ruft ihr bittend zu, sie möge zu ihnen schwimmen. Als Hänsel die Rettung sieht, stürzt er sich sofort auf deren Rücken, deutet hinter sich und glaubt, da wäre noch ein Platz frei. Doch Gretel weiß es besser: „Nein! Es wird dem Entchen zu viel.“

Wer wirklich zu sehen gelernt hat, verfügt über die Gabe, die im Erkannten steckenden Möglichkeiten zu nutzen. Dieser Erfahrung schafft Selbstvertrauen. Das Wichtigste im Leben – dafür steht das Entchen, das die beiden über den Fluss bringen kann – kann jedoch nur erbeten (Gebet!) werden.

Der weise Rabbiner

Als zur Zeit des Zaren Nikolaus I. die Juden als Händler und Kaufleute willkommen waren, machten sich zwei Brüder auf eine Geschäftsreise. Leider geschah es, dass einer der beiden unterwegs an einem Herzanfall starb und der andere der Witwe die Todesnachricht überbringen musste. Weil er aber habgierig war, suchte er nach einem Weg, das Geld, das sein Bruder mit sich geführt hatte, an sich zu bringen. 100000 Rubel waren die stolze Summe. Listig eröffnete er der Witwe, ihr Mann habe auf dem Sterbebett seinen letzten Wunsch ausgesprochen: „Gib von meinem Geld meiner Frau so viel, wie du willst." „Nun", wandte er sich an die Witwe, „ich will 90000 Rubel und du bekommst den Rest."

Die Frau war empört und fühlte sich ungerecht behandelt, wusste sie doch, dass die letzten Worte eines Verstorbenen als sein Testament gelten. In ihrer Suche nach Gerechtigkeit wandte sie sich an den Rabbi. Der hörte beide Seiten an und nickte nachdenklich, als der Bruder noch einmal den Satz des Verstorbenen wiederholte: „Gib von meinem Geld meiner Frau so viel, wie du willst." Um seine Aussage noch glaubwürdiger erscheinen zu lassen, fuhr er fort: „Den Rest aber soll ich bekommen, so hat es mein Bruder bestimmt. Ich will 90000 Rubel."

Wieder nickte der Rabbi und meinte dann lächelnd: „Wir müssen die Worte des Verstorbenen ernst nehmen. Deine Schwägerin bekommt 90000 Rubel und du den Rest." „So hat er's nicht gesagt!", schrie da der Bruder. „Doch", erwiderte der Rabbi, „genau so hat er's gesagt: Gib von meinem Geld meiner Frau so viel, wie *du* willst.

Du aber willst 90000 Rubel. Die musst du ihr nun geben. Der Rest ist für dich.“

Gegen Intrigen scheinen wir manchmal hilf- und machtlos zu sein. Nicht passiv zu bleiben, sondern Hilfe zu suchen und darauf zu vertrauen, dass es etwas gibt, was das Schicksal wendet, das ist ein erster Schritt, um gegen alle Wahrscheinlichkeit, gegen alle Ungerechtigkeit doch das Wunder wahr werden zu lassen.

Sei tapfer und entscheide dich, kleiner Schneider!

Er lag im Bett und überlegte, was er nun tun sollte. Traurig und zornig war er. Ich habe doch alles getan, um sie zur Frau zu bekommen. Weit gereist bin ich und habe alle Hürden und Hindernisse überwunden, meinen angestammten Beruf habe ich aufgegeben, die Stadt verlassen, den Vater hinter mir gelassen, der mich töten wollte. Nun bin ich in diesem Königreich und was soll ich jetzt tun?

Da vernahm er plötzlich eine Stimme. Er schaute sich im Zimmer um, konnte aber niemanden entdecken. Wer spricht denn da mit mir, überlegte er, bevor er in einen unruhigen Schlaf fiel. Aber selbst im Schlaf hörte er noch die Stimme, die ihn an die Mutter erinnerte. „So vieles hast du gelernt, kleiner tapferer Schneider. Erinnerst du dich an die Marktfrau, die dir das Zwetschgenmus in die Schneiderstube hochbrachte? Du hast eine Auswahl getroffen und warst nicht gierig nach dem erstbesten Mus. Du hast dir das Brot geschmiert und es genussvoll betrachtet, bevor du hineingebissen hast. Du hast die Fliegen gewarnt, sich nicht an deinem Brot gütlich zu tun. Vertrauen hast du gewonnen in diesen Momenten und erkannt, dass der höhere Genuss im Warten und in der Wahl besteht. Du warst geduldig gegen die Fliegen und hast dann eine Grenze gesetzt, als sie dir deinen Genuss verderben wollten. Erinnerst du dich, dass du deinen Beruf aufgegeben hast, weil du dir diesen Gürtel gestickt hast? ‚Sieben auf einen Streich' stand darauf. Sieben winzige Fliegen! Was einfältig und töricht klingt, ist manchmal für eine blinde Welt klug. Damit hast du Zutritt zum König und zur Prinzessin gewonnen. Und zuvor hast du kleiner Mensch den Riesen besiegt, der dich töten wollte. Weil du ein kluger Mann warst und die drei Aufgaben gelöst hast – niemand sonst war dazu in der Lage –, deshalb hast du nun das halbe Königreich für dich bekommen und die Prinzessin dazu.

Aber sie wollte dich töten, als sie erfahren hat, dass du kein großer Kriegsheld bist, sondern nur ein simpler Schneider. Auch das Mordkomplott hast du entdeckt und bist mit einer List entronnen. Jetzt musst du dich entscheiden, lieber kleiner, großer Mann, ob du weiterhin mit einer Frau zusammenleben möchtest, die dich missachtet und sogar töten wollte, weil du nicht ihrem Bild entsprachst, oder ob du darauf vertrauen kannst, dass sie deine Größe und deinen wahren Reichtum liebevoll erkennt."

In der Bibel heißt es: „Du sollst dir kein Bildnis machen von Gott." Das gilt auch für uns Menschen. Wir sollen uns kein fertiges Bild von einem anderen Menschen ma-

chen, sondern allenfalls einen Entwurf. Entwürfe kann man verändern und das passt dazu, dass jeder Mensch das Recht hat, ein anderer zu werden.

Muriel hört nicht richtig zu

Jerome David Salinger hat eine wunderbare Erzählung über das Zusammenleben und die gütliche Konfliktlösung geschrieben. Sie heißt „Unten am Boot". In dieser Erzählung ist eine Mutter, Muriel heißt sie, in Sorge um ihren kleinen Sohn Lionel, der sich voller Verzweiflung in ein kleines Boot zurückgezogen hat und nicht mehr leben will, weil er glaubt, sein Vater wäre gestorben. Die Mutter versucht, ihn aus dem Boot ins Leben zu holen. Ihre Versuche sind sanft, zärtlich, verspielt und direkt. Sie lässt sich Zeit und bringt Lionel so weit, dass er ihr vertraut und auf ihr Spiel eingeht. In diesem Spiel tut sie so, als wäre sie ein Admiral und der kleine Kahn, in den sich Lionel zurückgezogen hat, ein Boot ihrer Flotte, das sie inspizieren muss.

„Ja, wenn du ein Admiral bist, wo ist denn dann deine Flotte?", fragt schließlich ihr Sohn. „Gut, dass du mich daran erinnerst", antwortet sie und beginnt sich in das Bootsinnere hinabzulassen. Gerade berühren ihre Fußspitzen die Planken des Bootes, da schreit ihr Sohn: „Du darfst nicht in das Boot kommen!" – „Wie bitte?" –„Du kannst nicht in das Boot kommen!", wiederholt er.

Gehorsam und ähnlich behutsam wie jemand, dem im Theater die Füße eingeschlafen sind, zieht sie ihren Fuß zurück, hockt sich auf den Landungssteg und spricht von dort aus weiter mit ihm.

Durch das Prinzip der Langsamkeit hat die Mutter das Vertrauen ihres Jungen gewonnen, der nun ihre Rolle als Admiral akzeptiert. In ihrer liebevoll sorgenden mütterlichen Liebe unterläuft Muriel jedoch der Fehler, dass sie das hört, was sie hören will, nämlich eine Einladung ihres Sohnes. Dabei hat Lionel gar nicht gesagt: Komm in mein Boot. Er hat nur nach der Flotte des Admirals gefragt. Die Mutter macht ihren Fehler wieder gut, indem sie sofort auf seine Grenzziehung reagiert und sich zurückzieht.

Genau hinzuhören und die Worte des anderen wahrzunehmen, ist Zeichen des Respekts und das schafft Vertrauen. Genau hinzuhören und sogar das wahrzunehmen, was der andere mit seinen Worten meint, das ist Zeichen der Liebe.

Sieben Jahre Leben

Sie tuschelten bereits, er lebe ja immer noch. Und dabei hatten doch mehrere Ärzte unabhängig voneinander bereits vor einem Jahr prognostiziert, dass es mit ihm zu Ende gehe. Wie sollten diese Schwätzer und Anhänger des Glaubens, das Leben sei eine mathematische Formel, auch wissen, dass bloß am Leben zu sein und im Leben zu bleiben jedes menschliche (von Gott beseelte) Wesen unerfüllt und unbefriedigt lassen muss. Wir wissen ja alle, dass Menschen, die pensioniert werden und danach keine die Seele oder den Körper befriedigende Beschäftigung mehr haben, über kurz oder lang krank werden und sterben. Eine persönliche Aufgabe, der der Mensch sich voller Mut, Vertrauen und Freude widmet, bewahrt ihm dagegen für lange Zeit Gesundheit.

Er war dem Tod geweiht. Schon im Jahre 1825 hatten ihm die Ärzte mitgeteilt, dass es schlecht um ihn stünde. Hochbetagt wie er war, schrieb er dennoch den zweiten Teil seiner wohl größten Dichtung zu Ende und verschnürte nach siebenjähriger Arbeit im Januar 1832 sein Manuskript. Im März desselben Jahres starb er. Dieser längst fällige Tod ließ wohl so lange auf sich warten, bis sein Werk, das ihm so sehr am Herzen lag, vollendet vor ihm lag. Sieben Jahre hat er über seine biologischen Verhältnisse gelebt. Wer dieser Mann war? Johann Wolfgang von Goethe hieß er und in den sieben Jahren vor seinem Tod vollendete er den zweiten Teil seiner Tragödie „Faust".

Werd ich zum Augenblicke sagen: Verweile doch! Du bist so schön! Dann magst du mich in Fesseln schlagen, dann will ich gern zugrunde gehn! So heißt es in Goethes erstem Teil der Fausttragödie. Leben heißt Wandlung und auch im Alter auf das Neue zu vertrauen, macht lebendig.

Das dumme Seepferdchen

Es war einmal ein Seepferdchen, das nahm eines Tages sein sieben Taler und machte sich auf, sein Glück zu suchen. Es war noch gar nicht weit gekommen, da traf es auf einen Aal: „Psst, hallo Kumpel, wohin geht denn die Reise?“ – „Ich bin auf dem Weg, mein Glück zu suchen“, antwortete das Seepferdchen. „Da kann ich dir helfen. Für drei Taler verkaufe ich dir meine schnellen Flossen. Damit kannst du in doppelter Geschwindigkeit durch das Meer gleiten, um dein Glück zu suchen.“ – „Ei, vielen Dank“, sprach das Seepferdchen und glitt mit doppelter Geschwindigkeit durch das Meer.

Erneut war es nicht weit gekommen, da traf es einen Schwamm. Auch der sprach das kleine Seepferdchen an: „Psst, hallo Kumpel, wohin geht denn die Reise?“ – „Ich bin unterwegs, mein Glück zu suchen“, antwortete das Seepferdchen. „Da kann ich dir helfen, für vier Taler verkaufe ich dir mein schnelles Düsenboot. Damit kannst du in vierfacher Geschwindigkeit durch das Meer brausen.“ – „Ei, vielen Dank“, sagte das Seepferdchen und glitt mit vierfacher Geschwindigkeit durch das Meer.

Wiederum war es nicht weit gekommen, da traf es auf einen Haifisch. Auch er fragte, wohin denn die Reise ginge. „Ich bin unterwegs, mein Glück zu suchen“, gab das Seepferdchen zur Antwort. „Da kann ich dir helfen, denn wenn du diese kleine Abkürzung benutzen möchtest, dann sparst du dir eine Menge Zeit“. Bei diesen Worten deutete der Hai auf seinen geöffneten Rachen. „Ei, vielen Dank“, sagte das Seepferdchen und schwamm in den Rachen des Hais, um dort verschlungen zu werden.

(nach James Thurber)

Vor lauter Begeisterung oder in der intensiven Suche nach Glück übersehen wir manchmal das Naheliegende. Ein

Aal hat keine Flossen und ein Schwamm ist wahrlich kein Düsenboot. Mit sehenden Augen durchs Leben zu gehen, macht glücklich.

Warum und worauf sollte ich vertrauen?

Werner, ein Student unserer Hochschule, wollte sich aus „Liebeskummer" das Leben nehmen. Ich setze das Wort „Liebeskummer" absichtlich in Anführungsstriche, denn der Liebeskummer ist oft mehr als ein Kümmernis, sondern ein tiefes, verzweifeltes Leid. In der 8. Etage des Studentenwohnheimes stand er auf dem Balkon hinter dem Geländer und hielt sich fest. Unten die Feuerwehr mit einem Sprungtuch, das allerdings wenig nütze war, denn Werner hätte von dem umlaufender Balkon aus am Sprungtuch vorbei springen können. Ich stand in der Tür und wollte mit ihm sprechen. Er befahl mir, im Türrahmen stehen zu bleiben, sonst würde er sofort springen. Auch ein Gespräch verweigerte er zunächst. Wenigstens verbat er mir nicht meine Anwesenheit.

Es ist in einer solchen Situation schwer, einen Gesprächsanfang zu finden. Hier trifft das Sprichwort wahrlich zu: „Aller Anfang ist schwer." So musste ich warten, bis er mir die Möglichkeit gab, das Gespräch in eine vielleicht lebensrettende Richtung zu bringen. Schließlich begann er: „Machen Sie sich keine Mühe, meine Lage ist hoffnungslos." „Das muss ich Ihnen glauben", antwortete ich und machte eine kleine Pause, bevor ich fortfuhr: „Worin bestand denn Ihre Hoffnung vor dem heutigen Tag?“ Er überlegte und erwiderte: „Ich habe kein Vertrauen mehr.“

Er bot mir zwei Ansatzpunkte: Von Hoffnung und von Vertrauen sprach er. „Möchten Sie mir erzählen, was Sie mit den beiden Begriffen ‚Hoffnung‘ und ‚Vertrauen‘ meinen?“, fragte ich ihn. „Das ist doch bloß ein Trick von Ihnen. Sie wollen Zeit gewinnen, damit ich mürbe werde, um dann einzugreifen.“ – „Ich greife nicht ein. Wenn Sie springen wollen, dann kann ich Sie nicht daran hindern. Vielleicht heute, ja. Aber ich kann nicht alle Tage und Nächte bei Ihnen sein, um ihren Selbstmord zu verhindern.“ – „Ihnen sage ich es nicht.“ – „Wem möchten sie es dann sagen?“ – „Meiner Freundin, sozusagen als letzte Botschaft.“ – „Sie ist im Raum hinter mir. Soll ich sie holen?“ Er drehte sich um und blickte zum Fenster. Des Vorhanges wegen konnte er sie nicht sehen. „Kein Trick?“ Ich schüttelte den Kopf. „Sie kommt in den Türrahmen. Sie müssen Sie nicht anschauen, wenn Sie reden.“

Er sprach leise, aber wir konnten ihn verstehen. „Vertrauen heißt für mich, dass ich glauben möchte, dass ein guter Mensch seine Chancen für ein freudenreiches Leben nutzen darf. Vertrauen heißt für mich, dass es richtig ist, im Konfliktfall an die Moral des anderen zu glauben und auf sie zu hoffen. Ich möchte darauf vertrauen dürfen, dass meine Zukunft nicht auf eine den Mitmenschen zerstörende Lüge aufgebaut ist. Und ich möchte darauf vertrauen, dass es die kleinen Dinge sind, in denen die Weisheit und Gerechtigkeit sichtbar werden.“

Ich hörte sie „ja“ sagen. Er sprang nicht.

Vertrauen und Hoffnung sind Geschwister, beide können Leben retten.

Das Vertrauen der Maria aus Magdala

Ich vertraue ihm. Ich gehe mit ihm von Galiläa nach Jerusalem, ich und die Männer und die anderen Frauen. Mit einigen habe ich mich sogar angefreundet, mit Johanna und Susanne, mit Salome und den anderen beiden Marias.

Jesus hat mich aus Magdala, dieser verruchten und bösen Stadt, befreit. Sieben Teufel hat er mir ausgetrieben und meine Seele gereinigt. Er hat meine Vergangenheit gelöscht und mich in seinen Schutz genommen. Ich durfte mit seinen Jüngern mitziehen. Ich war ihm ganz nahe, als er in die Todesbedrohung geriet.

Als alle Männer ihn in Panik verließen, als er am Kreuz hing, da bin ich tapfer bei ihm geblieben. Ich habe genau verfolgt, wohin sie seinen Leichnam gebracht haben, und gestern am frühen Morgen habe ich ihm an der Gruft die letzte Ehre erwiesen.

Heute habe ich ihn gesehen. Ich durfte ihn nicht anrühren, aber gesprochen hat er mit mir. Erst habe ich gedacht, es sei ein Gärtner, und habe ihn gefragt, wo er den Leichnam hingelegt hat. Aber es war kein Gärtner. Er war es. Und nun werde ich es den anderen sagen. Ob sie mir glauben werden? Schließlich bin ich eine Frau mit einer schlimmen Geschichte, eine diffamierte persona non grata. Ich vertraue darauf, dass er es war. Ich habe ihn gesehen, wirklich ihn und nicht etwa das, was ich vielleicht sehen wollte.

Ich, die ich beinahe alles verloren hatte, riskiere nun voller Vertrauen, die Wahrheit zu sagen: Er lebt!

Ein Mensch, der am Abgrund der Verzweiflung steht, darf – getrieben von Hoffnung, Vertrauen, Mut und Liebe – gegen jede „objektive" Wahrscheinlichkeit an Wunder glauben. Gott ist weiter, als wir denken können.